在爱的教育中牵手成长

李洪利 著

图书在版编目（CIP）数据

在爱的教育中牵手成长 / 李洪利著.— 北京：人民交通出版社股份有限公司, 2017.7
ISBN 978-7-114-13969-7

Ⅰ. ①在… Ⅱ. ①李… Ⅲ. ①教育－文集－Ⅳ. ①G4-53

中国版本图书馆CIP数据核字（2017）第151105号

书　　名：在爱的教育中牵手成长
著 作 者：李洪利
责任编辑：刘　洋
出版发行：人民交通出版社股份有限公司
地　　址：（100011）北京市朝阳区安定门外外馆斜街3号
网　　址：http://www.ccpress.com.cn
销售电话：（010）59757973
总 经 销：人民交通出版社股份有限公司发行部
经　　销：各地新华书店
印　　刷：北京鑫正大印刷有限公司
开　　本：880×1230　1/32
印　　张：7.75
字　　数：154千
版　　次：2017年7月　第1版
印　　次：2017年7月　第1次印刷
书　　号：ISBN 978-7-114-13969-7
定　　价：30.00元

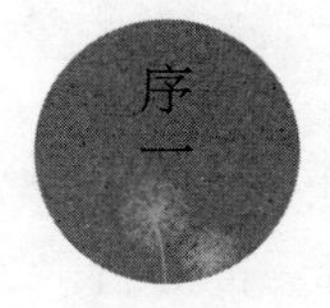

序一

爱与语感：一位难得的小学语文老师

说起来或许让人难以置信，我虽是大学老师，但我的大、中、小学历教育，最完整的只有小学教育。这是因为，我初一刚要念完“文革”就开始了，别说高中，初二、初三的教科书都没见过什么样。大学倒是上了，但正值“文革”期间，作为“工农兵学员”勉强上了三年零八个月就草草了事。

小学教育在我的人生中占有格外重的分量，我也因此对小学老师怀有格外多的敬意和感激之情。此外还有一点，我认为同大学老师相比，小学老师需要对学生付出更多、更细腻的爱。

当然，包括大学教育在内，爱是所有教育的前提，“没有爱就没有教育”是人所共知的至理名言。但相比之下，大学老师面对的学生毕竟是成年人了，若说是孩子也是大孩子；而小学老师面对的学生则是小孩子。小学生处于极为敏感脆弱的年龄段，他们如一个个小小的芽苞、一粒粒嫩嫩的花蕾，稚嫩脆弱，易受折磨。在这个意义上，小学老师是真真正正的园丁、地地道道的护花天使，所付出的爱必然更为细致入微、更为不动声色、更为一丝不苟。

而这样的爱，在本书中，在李洪利老师这位青岛市市南区金门路小学语文老师身上得到了可喜的体现。体现在她和班上的孩子共同建立的QQ群，体现在她对爱告状和乱花钱孩子的细心开导，体现在她在教室的一言一行。尤其体现在她对三岁即被诊断为自闭症的儿童“小石头”无微不至、呕心沥血的关怀上面，完全可以认为，假如没有李老师这样的关怀，孤独、忧郁、胆怯的“小石头”就不可能成为英俊勇敢的少年，更不可能满面春风地身穿硕士袍从香港中文大学顺利毕业。而这一切都来自一个字：爱！不妨听一下李老师关于爱的表达：

△可不能小瞧孩子们。真正放手让他们做事，他们的能力和策略，就会超过我们的想象。

△孩子就是小树苗。有阳光的沐浴、爱的滋润，才能茁壮成长。

△在孩子们那里，我们的付出，永远不会被辜负。

话语是那么朴实、那么寻常，但无不是爱的心声。更重要的是，李老师将自己三十多年的教学实践化为点点滴滴爱的行为。

另外引起我特别注意的一点，是李老师作为小学语文老师对“语感”重要性的体悟。她说：“‘语感’，也是语文学习的一个高境界。若是语感强，便能很快、很准确地把握作者的用意。不但能答好题，还能更快地从阅读中获取有用的东西。”应该说，语感恰恰是眼下语文教育乃至大学外语教育所忽视的东西。也就是说，无论教育者还是受教育者，看重的都是适于应试的规范化、模式化的东西，而忽略了从大量阅读中感受和培育鲜活的语感，以致钝化了本民族文学语言之美应有的心灵感应或体悟能力，这是多么大的损失啊！

这也让我不由得想起我的小学语文老师。他叫钟庆臣，不知从哪里调来我当时就读的山村小学。钟老师当时三十多岁，衣衫虽旧但很整洁，神情也整洁，除了庄重几乎看不见别的表情。瞥见他手拿教案课本和粉笔盒从沙土操场的下端沉思着走来，再调皮的学生也赶紧坐好。不过他最有特色的还是“公鸭嗓”。课下或上别的课并不明显，而一旦讲语文，“公鸭嗓”就像音质稍差而又特响的京胡，不时平地拔起，声震屋瓦。

钟老师讲语文不太讲常规性主题思想和段落大意之类，而特爱朗读和点评好句子。每次讲新课他都先用“公鸭嗓”朗读一遍，抑扬顿挫，声情并茂。让我觉得“公鸭嗓”简直好听极了，甚至觉得讲语文课非用“公鸭嗓”不可。朗读当中时而打住：“喏，这句子多好，这词儿多漂亮！”朗读完再次强调好句子：“这才是好句子，记住，写文章、作文就是要用这样的句子！”每当他这样说的时候，那特色嗓音尤其充满激情，两眼闪烁着灼人的光芒，一副忘乎所以的样子。实际上他写的作文也有很多好句子。是的，每次点评完我们的作文，钟老师都要朗读自己写的范文(我猜想那是艰苦岁月中唯一让他快乐和幸福的时刻)，听得全班大气不敢出，感叹句子原来可以写得这么好，话原来可以这么说！

这甚至让我觉得(是不是错觉另当别论)说什么不重要，怎么说才重要。因此，我看书也不大注意内容和情节，注意的更是语言或修辞。我是从小学四年级开始看《三国演义》《水浒传》《西游记》的，一边看一边抄好句子。如《三国演义》中的“竹可焚而不可毁其节，玉可碎而不可改其白”“勇将不怯死以苟免，壮士不毁节而求生”等警句。即使接下去看的《苦菜花》等当代小说，较之女主人公名字和她的故事，我也更留心关于她的描写：“那双明媚黑亮的大眼睛，湿漉漉水汪汪的，像两泓澄清的沙底小湖”。看《白求恩大夫》，怀着沉痛而庄严的心情抄下了结尾这样一段话：“一线曙光从北中国战场上透露出来，东方泛着鱼肚白色。黑暗，从北方的山岳、平原、池沼……各个角落慢慢退去。在安静的黎明中，加拿大人民优秀的儿子、中国人民的战友，在中国的山村里，吐出了他最后一口气。”

半个世纪走南闯北辗转流离，很多东西都散失不见了，唯独那几本抄写漂亮句子的笔记本至今仍安然躺在书橱深处。借用王小波的话，是它们让我懂得了“什么样的语言叫作好”。而那应该主要归功于小学教育，归功于教小学语文的钟老师，是钟老师让我知道了“什么样的语言叫作好”。

我想，如果我没遇上钟老师那样的小学语文老师，那么很可能没有日后的我。对于我，那才是语文课，那才是小学语文老师！大而言之，那才是教育！

可以断言，李老师看重语感的语文课也是这样的语文课，李老师同样是这样一位难得的小学语文老师。

不再喧宾夺主了，姑且奉上不成为序的序。

林少华

二〇一七年四月二十九日于窥海斋

时青岛春光明媚百花盛开

牵手　传承

青岛市市南区金门路小学坐落在浮山脚下，于20世纪80年代建成，我作为第一批教师进入当时崭新的学校，那里正中间的大厅分为教学区和办公区两个区域，另外有标准的大操场、阶梯教室和风雨教室。在当时是一所教学设施相当好的学校，整体教学楼的设计还获得过日本国际建筑设计金奖。学校的孩子们都是来自于青岛市辛二小区和辛家庄。

回想起那时的岁月，老师们质朴无华，像辛勤的园丁，在青岛市市南区金门路小学这片教育的沃土播种、耕耘，培育着希望。前不久，当年的一个学生还来看望我，那时的小娃娃也已经人到中年，他的孩子都上了中学。

历经三十多年的风风雨雨，如今的青岛市市南区金门路小学已经成为一所著名的爱的教育的学校，在“以爱育爱，爱中成长”的办学理念中，培养了一大批优秀的教育工作者，李洪利老师就是其中一个。当年她教育自闭症儿童“小石头”的事迹被传为佳话，她也是一个很用心的老师，从自己的班主任工作和语文教学中，不断实践、总结，形成了自己的德育和教学特色，近三十年的教育教学历程中，向中学输送了一批批优秀的小学毕业生。她践行着一个教师传授知识、培养习惯、塑造灵魂的使命，在爱的教育中和孩子们牵手成长，并写书分享她的教育故事，她用朴质、清新的语言，诉说着一个老师和孩子们心灵互动的经历。学校为教师的发展搭建了舞台，李洪利老师的成长也正是学校校本培养教师和教师专业化发展相结合的受益者，我作为一个老教师、老校长看着教育的接力棒在一代代教师的手中传承，倍感欣慰。

听说青岛市市南区金门路小学就要改建了，还要更名为青岛大学的附属小学，心里好不舍，又好期待。那些虽然艰苦，但是幸福的工作时光历历在目，不经意间，耳畔似乎响起当年孩子们喧闹的笑声。岁月如梭，当年的我们如今已经进入耄耋之年。辛家庄也早已经被改造成了香港花园，社会的知识结构发生着巨大的变化，教育的步伐必须紧跟时代的脚步，改建校园，革新教育，势在必行。

借着给李洪利老师《在爱的教育中 牵手成长》写序，表达我对过去教育岁月的感怀，为了让孩子们接受更加优质的教育，为了我们国家的未来，祝愿我们的教育、我们的学校，越办越好。

韩琴（青岛市市南区金门路小学原校长）

二〇一七年四月

目 录

“以爱育爱，爱中成长”在这里起航

我和“小石头”牵手的故事（1）

石若玺是我见过的最特殊的孩子了，三岁时就被青岛儿童康复中心诊断为孤独症。“孤独症”也是“自闭症”，目前，此病病因不清，不论是在国内还是在国外，从医学的角度是无法治愈的。石若玺从两岁起单词吐字不清，且对父母不亲近。动作刻板，兴趣狭窄。三岁半开始不断尖叫，乱蹦，不停地旋转，语言交流能力极差，遇到生人、陌生事物就充满恐惧，大声喊叫。记得报名的第一天，别的小朋友都高高兴兴，对新的环境充满好奇，只有石若玺惊恐地看着学校，看着表情严肃的报名老师，他拒绝回答任何问题，避开别人的目光，问得遍数多了，就大哭大嚷起来：“我不上学了，这是什么破学校”，拉起妈妈的手就要走……

石若玺的父母都是大学的优秀教师，是很有学识和教养的人，自尊心很强，为了这个孩子，他们经受了太多的痛苦，他们深知上学对孩子来说是顺理成章的事，可是对于石若玺来说就像一座巨大的高山，能否翻越这座高山，将关系到孩子的前途命运。曾经就有许多孤独症的孩子因为不能适应变化的环境，被学校拒之门外，病症越来越严重，以至最终被送到精神病院看管起来，一个活生生的生命将永远行尸走肉般生存在世界上。那将是家庭的悲剧也是社会的悲剧。作为一名教师，我要用爱心开启孩子封闭的心灵。

首先要消除家长的顾虑，孤独症孩子的家长都有着深深的自卑心理，他们担心社会、学校、老师对孩子的排斥，他们害怕别人投以惊异、淡漠、鄙视的目光。石若玺的父母也是如此。一开始，他们隐蔽了孩子的病情，为了表示诚意，我曾两次去家访，由衷地表示要帮助他们，愿把石若玺当作自己的亲人看待，我的诚意深深地打动了他们，他们拿出许多孤独症的有关资料给我看，为我进一步探索提供了帮助。从那时起，我也亲切地称石若玺为"小石头"。教师与家长的相互信任，为进一步教育孩子提供了宽松良好的氛围。接下来，我就用一颗慈母般的爱心，用教师独有的魅力和集体的力量来感化这块看似顽固的"小石头"，这需要一点一滴的训练和长久的耐心。

早晨进教室，别的同学有礼貌地鞠躬问好，他呢，谁也不看，直冲进来，这时，大声地阻止是没用的，只能加重他的恐惧感。于是我走到他面前，轻轻拉起他的手领他到门口，逐句教他怎样喊报告怎样问好，并配合家长一起训练，结果没过几天，他就能低着头小声地说："老师好"。慢慢地反复训练，耐心指导，"小石头"就适应了许多日常规范。例如上课基本能安静地听讲，不再无缘无故地发笑，挤眉弄眼，拍桌子，并学会按照口令做出动作。有时上课还能举手发言，只要"小石头"一举手，我马上叫他起来，耐心地听完他小声的、困难的发言。尽管声音还小，语言也不够连贯，但这是孩子在向心理障碍进行挑战，这时我带领其他同学报以热烈的掌声。"小石头"眼睛里流露出难得的自信和羞涩的目光，很让人感动。

交往能力差，喜欢独自行动是孤独症状的最主要特点，针对这一点，我发动全班同学共同帮助“小石头”调整他的病态行为，逐步消除他心理上的障碍，让他在集体中多接触小朋友，培养交际能力。课间休息是孩子互相交流玩耍的时间，我让四五个学生轮流陪着躲在一边的“小石头”，开始他挣开小朋友的手跑了，我就去开导他，一次不行两次，终于有一天他对我说：“我也想学拉面条的游戏”。太好了，我赶紧叫来几个小男孩和他玩起游戏来，渐渐地，有时他也主动地走到小朋友们那里参与游戏。随着他和小朋友们交往的增多，难免会发生矛盾，这时我那本该公平的天秤总是不自觉地偏向他。每次外出活动，我总是拉着“小石头”的手跟他说这说那，孩子们都向他投以羡慕的目光，任何一个有爱心的人都会这样做，但是一名班主任面对的是六十多个孩子也就是六十多个家庭，我还必须赢得其他孩子及家长的理解和支持。所幸的是，孩子们及家长们在这一片爱心的感召下都表示了宽容和支持的态度。我班没有一个学生说过有损“小石头”自尊心的话，多么好的孩子和家长啊。

一年后，“小石头”能独立完成作业并整理好自己的物品，形成了一般的交际和生活能力，尤其是他书写工整，字迹清楚，还能绘出一幅幅色彩鲜艳充满想象力的彩画，学习成绩都是优。看着“小石头”的进步，每一个人都会和我一样地感叹：是爱叩开孤独的心扉，是爱让石头化为美玉。

爱是教育的灵魂，没有爱谈何心灵的塑造。而在教育中融入服务的意识，就使教育的爱有了无尽的源泉。爱不但要开启孤独的心扉，而且要更多地关注生命，关注每一个学生每一个方面的健康成长。这也就是“爱在金门，服务无限”所要造就的教育精神。

我和我的同事们用自己的行动默默地实现着“爱在金门，服务无限”的教育理想。

青岛市市南区金门路小学爱心集体关心教育孤独症患者石若玺的事迹曾经被传为佳话，之后，有许多孤独症的家长从四面八方带着孩子前来咨询，我和他们一一交谈，看到石若玺惊人的进步，家长们由衷地感叹：“小石头能碰到青岛市市南区金门路小学这么好的老师，真是太幸运了。”这不，小江同学就是慕名转到我班的一名特殊的孩子，他上幼儿园时，脑部曾经受过内伤，表现为抽动，多动。刚一入学时的不适应使他多次呕吐，秽物发出的臭味刺鼻难闻，几十双小眼睛注视着老师，注视着小江，有些孩子还捂起了鼻子，这时如果老师脸上若有丝毫的嫌弃之情，都会刺伤小江的自尊心。于是我一边忙着收拾，一边微笑着说：“我们每一个人吐的时候都是很难受的，如果同学们表示关心，小江和老师都会很感激的。”孩子们是很聪明的，立刻就有人递上面巾纸，还有的孩子要帮着收拾，以后，再遇到这样的情况，就再也没有学生捂着鼻子了，孩子们学着老师的样子来帮助同学。家长对老师接纳孩子的态度十分满意，也积极配合老师的工作，在我们的关注和鼓励下，小江进步得很快。

期间我曾代表青岛市市南区金门路小学爱心集体在市南区礼堂、市人民会堂、教师之家，为青岛市中小学教师做专题报告，开启师德月活动。

接受《青岛晚报》《青岛早报》《青岛日报》专题采访及报道。

接受《山东教育》个人专题采访及报道，并成为封面人物。

接受青岛电视台采访并拍成系列报道，接受中央电视台采访及报道，并且在社会上引起极大的反响。

我撰写的德育论文、少儿心理学论文、班级管理方法多次在全国、省市获得论文交流会一等奖，并在《全国现代化建设论文集》中收录。

所教毕业生进入中学后均在德、智、体三方面表现突出，多人多次获得三好学生称号，多数学生担任班干部，多人成为第一批团员，学习成绩名列级部前茅，并受到中学老师的好评。

当教师教育、关爱学生的时候，这不仅仅是简单的付出，更是收获：心灵和孩子共同成长，教育在爱中得以升华。那是一年前9月的一天上午，天刚下过雨，操场很湿，学校决定不做操了，正好我的课没讲完，“既然不做操了，那就继续讲吧。”这样想着，便没有下课，等到匆匆下课时，课间已过了五分钟。同学们都下去玩了，“小石头”也气愤而委屈地走了下去，我并没在意，还是忙着收拾教案。不一会儿，“小石头”冲了进来，脸涨得通红，十分愤怒委屈地指着我：“你拖堂，你太不像话！”啊！我是老师，我多上了课，反而遭指责，于是十分生气地说：“回到你的座位上，冷静一会儿”(现在想想也真够可笑的，面对于异议，你自己都不冷静，还要求一个有着孤独症状的孩子冷静？)。他回到座位没多久，便走过来，趁我不备，狠狠地抓我的手，血顿时流了出来，看着血，他愣在那里，不知所措。

显然，他开始为自己的行为后悔了，而我呢？我又做了些什么？一直以来，我认为为了让学生多学些知识，拖堂是理所当然，学生服从老师是天经地义的。谁知，这所谓的师道尊严在“小石头”

面前，却显得那样的苍白，患孤独症的孩子对于正确和错误的判断很执着，直线的思维使他们不会伪装、不会掩饰。占用了学生玩的时间，却堂而皇之地说多教给他们知识，这是多不应该呀！“小石头”啊，你是面镜子，需要反省的是我。如今，看着手上已愈合的疤痕，我们真应该站在学生的角度上，呵护每一颗幼小的心灵，否则在他们幼小的心灵上留下了伤疤，那将是难以愈合的。如果说学生是老师的镜子，那么面对一个患孤独症的孩子，这面镜子更直接、更真实地照着一个教师。

自从青岛市市南区金门路小学关爱孤独症状孩子的事迹家喻户晓之后，我们接受着电视台、报社、杂志社一次又一次的采访，人们需要了解孤独症，自闭儿也需要人们的关注，为此青岛电视台还专门设立一个专题节目，镜头、话筒对准了“小石头”。他成了人们关注的焦点。“小石头”在我们心中更是像一块“玻璃”，易碎、怕碰，于是大家更小心地呵护，一时间宽容、忍让都成了爱的代言。

我常说的一句话是“同学们把他当小弟弟看待，要多谦让、多容忍。”于是，“小石头”放学可以不站队，可以不值日，可以下课在走廊上跑、喊。同样犯错误，别的学生会受到批评，而“小石头”却可以举起拳头就打他的同桌，甚至气极了用铅笔戳那小女孩的后背，每当这时，“小石头”吓哭了，那小女孩却反而劝慰他。“小石头”可以对老师直呼其名、起外号，而那些同学、那些老师大多数包容、忍让着，这对于今天的独生子女，对于他们的家长的确太不易了。他们的心真是太善良了，善良一旦被唤醒，便汇集成巨大的爱的洪流。可是今天我们站在教育应关注生命的角度来看，一味地施爱，是不公正的，是廉价的，也是不负责任的：首先每一个孩子都需要爱，每一个生命都需要关注，让其他孩子为了“小石头”病态不健康的举动付出自尊、付出健康是不公平的，对于“小石头”更不公平，一个刚刚敞开心扉的孩子，需要正常的关注，更需要耐心的理智的诱导，帮助他判断、帮助他应对。而当时我们给予的更多的是庇护。如果说这是一种爱，那也是廉价的、不负责任的。那段日子里，面对这样一个特殊的孩子及来自社会的、来自学校的不同的反映，使人们和“小石头”的家长都倍感困惑。当然更不幸的是孩子，“小石头”无法定位自己，常常因为难以控制情绪犯了错或为一点小事泪流满面。幸好我们认识到这一点，幸好汀娜来了，汀娜也是一位美国孤独症孩子的家长，她的孩子经过训练、纠正已和正常孩子没什么区别，对于孤独症孩子，把爱要埋在心里，对外界已有感知的孤独症孩子更应严格要求、正确疏导，错了就是错了，教育需要的是科学的态度、科学的方法，“庇护不是关爱”，在和汀娜的交流中，我们深深地感到教育要多从生命的角度去看待自闭儿，去看待他周围的孩子。在教会孩子们互相谦让的同时，一个教师更要不断调整自己的心态，先学会宽容，才可能不断地关注孩子们心灵的成长及变化，才能掌握更科学的教育方法。轮到我们班派升旗手了，让谁去呢？能当升旗手可是一件很光荣的事。想到近来“小石头”在老师和他妈妈的共同帮助下，上课大胆发言，很愿意表现，这在别的孩子身上，可能不算什么，但对于一个孤独症状孩子来说是一个很大的突破，我试着向同学们建议：“让‘小石头’来当这周的升旗手，大家看怎么样？”同学们一致通过，看着同学们微笑鼓励的目光，“小石头”很受感动，泪水在他的眼眶里滚动，不过这次他没让眼泪流下来，他不好意思地说：“我来当升旗手，谢谢大家！”

星期一终于来了，“小石头”穿上了崭新的衬衣，红领巾显然也是刚刚洗熨过的，很爱美的他在镜子前左照右照神气极了！咦，后面还跟着一个拿摄像机的，这是……

原来，“小石头”当选升旗手，全家人都很高兴，妈妈急着上网发布消息，爸爸准备了数码摄像机，一定要记录下这一激动人心的时刻。更让人欣喜的是自从当了一次升旗手，“小石头”也像换了一个人似的，主动要求参加值日，但凡有搬书、搬桌椅的事儿都少不了他，他还要求担当卫生保健员，专门负责调座位、检查眼操，见了老师也能主动而自信地问好。这是以前费尽了口舌都难以达到的效果啊。一次升旗手的经历，竟然产生如此大的威力，这是我始料不及的。作为老师要真正用好手中的法宝——奖励，用好了是会创造奇迹的。其实真正需要奖励的正是那些虽有潜力，却还没有被充分调动起来的孩子们，而不是聪明的样样优秀的好学生。

经历是一种文化，磨砺是一笔财富。教育“小石头”的过程是令人难忘的，越是回忆，越是感到做一名教师需要不断地完善性格，才有资格面对不同的学生。在爱的教育中，需要成长的不仅仅是孩子，更需要成长的是我们这些教师，我们需要不断地读书学习，提高自身修养，完善性格，开拓胸怀，面对不同的孩子和他们的家庭，做到忍耐、平和，并履行职责。自此，“爱在金门，服务无限”的口号，就发展成为“以爱育爱，爱中成长”的办学理念。

只有教师心中有爱，爱的教育才会在校园里有讲不完的故事。

写于 2000.3

我和“小石头”牵手的故事（2）
——又见“小石头”

今天是我又见到97级学生的日子，经历一番周折，我又回来担任“小石头”所在班级的班主任了。我想我的回来，多半是为了“小石头”，今天，他自然也来报到，还带来两名记者，据说要组建一个课题，并把关爱自闭症儿童成长的故事摄制成一组专题片，参加世界教科文组织关于爱心专题的电视题材比赛，当然这应该是不远的将来的事情。我想，这块“小石头”从我当初接纳他，关爱他，到今天得到称赞或遭人冷漠，甚至诋毁，这都是上天的安排，他是上天给我们大家派来的天使。这是上天对我的个性、意志、智慧、恒心及胸怀的考验。只有不断打磨和锤炼，才能让胸怀更开拓，心的容器才会更大，才能装得下世间万物。

希望我能在磨炼中尽快成熟坚强起来，遇到事情能应付自如，游刃有余。

今天开课了，我忽然对讲课文失去了自信，但值得庆幸的是我没有抱怨，而是认真地备课，热情十足，而且我发现班上的孩子们眼神中也充满了热切的盼望，他们的信任再次打动了我。“小石头”

上课不太爱发言，也不爱读课文，而且依旧我行我素，站队时乱动。我没有简单的制止他，而是在走廊上，轻声地说："小石头你是聪明的孩子，以后，你做得不好时，老师用眼睛看看你，你就赶快改正，好吗？"小石头还是急忙地走开，但他听进去了，他用力地点点头。很明显，老师耐心的教导更容易被孩子们感觉得到。

对此，"小石头"的爸爸也很是感激，他在大学里教授国际贸易，对西方的教育很了解，主张对孩子尊重爱护，严慈并举，不允许有人歧视挖苦孩子，当然更不能粗暴地对待他们。我想应该和家长主动沟通，向他们学习。另外，还要和校长多沟通(今天看来，和自己的领导多沟通，才能从他们的角度获得更多的建议。一个职业人要想更好地发展，最应该做的是首先赢得领导的信任和支持)。

"我真行"班队会

今天又是一学期素质开放周的第一天，同学们自主自演了"我真行"班会，尽管孩子们还不够大方，形式还不够新颖，可是放手让孩子自己去做，会比老师指手画脚强得多！今后还应该多举办这样的活动，让更多的孩子参与。

"小石头"上台演讲，声音小，语句不连贯，但是他上台了，讲了，神情那么的羞涩，表情似乎也不自然，但孩子们很理解他，报以热烈的掌声。在这一阵阵的掌声中，"小石头"的眼里闪动的是感激和自信的泪光。

爱能创造奇迹

“小石头”当初的自闭——不停地转圈，无休止的狂笑，不停地击打自己……面对这一切，他的妈妈方静老师忍住眼泪，用希望的眼神注视着孩子，充满爱心地面对现实，努力改造孩子的灵魂，不顾一切，当然最难得的是不顾虑旁人的冷漠和嫌弃，交给孩子敞开心扉的钥匙，走进人群，摆脱孤独，这需要多么坚定的信念啊！我觉得如果说小石头的转变是奇迹的话，那么方老师用坚强的心，深情的母爱(不只对孩子的爱，包括对周围人的包容)创造了这个奇迹。

打开心灵之门

因为妈妈的鼓励，“小石头”今天终于大声地朗读了课文，他读得很流畅，语调也很自然，最后的“激励着我前进”的语句还略加重了语气。这时的“小石头”，满脸洋溢着自信和渴望。真的好可爱！

英语课，“L”的发音很小，邹老师一再启发，鼓励。小石头也能大声读出来，只是发音不太准，大家都笑了，面对大家的笑声，他并没有表示不满或生气。自己也不由自主地笑了起来。这孩子已经开始懂得宽容别人了。

放学了，王川悄悄对我说，“小石头”咬他还打他，还让我不要告诉别人。看着王川冤枉的神情，我知道他没有还手，这是小孩子很难做到的，我也觉得纳闷，为什么“小石头”会大打出手呢？王川真是懂事的孩子，那么疼还能替“小石头”着想，怕别人知道“小石头”打他的事。平时王川对“小石头”非常关心，像个小哥哥，我宽慰王川说一定是他觉得你对他好，他表示友好，不一定是故意打你。

果然，我及时找到“小石头”，问道：“你为什么咬王川？”“小石头”开始愣了一下，接着笑了起来：“我看熊猫妈妈咬自己的小宝宝，觉得很好玩，就咬了王川。”果然，他没有恶意，也许就是一种表达方式而已。我对他讲：“王川对你那么好，你不该咬人的，那样会很疼的，王川会不开心，以后不要这样，表示喜欢，可以有很多方式。”“小石头”点点头。以后没听说他再咬人。自闭症的孩子会反复做一个他们认为有趣的动作，不断重复，对外界的干预不会有太多的反应。然而这次“小石头”用心领会了老师的引导，这也给了我很大的启发，教师用心的爱，耐心地观察引导，会激发出孩子们心智的潜能。教师的关爱和集体的温暖，给“小石头”的成长创造了宽松的氛围，其实每一个孩子都渴望有老师的理解、同伴的宽容，这样的牵手，他们才会有真正快乐的童年。我们做教师的，尤其做班主任的，努力营造宽容团结的班级氛围，对孩子们的健康成长至关重要。

最近，“小石头”开始话少了，可能更多地去观察，去思考。遇到下课不下，放学队伍不让走，他都要问个究竟，别的孩子表面没有关心这件事的，他总会忍不住问“为什么别的班可以走，我们却不走？”“别的班级是要挨批评的。”他听后很自觉地站回原来的队伍中。只要提到班级的利益，他总能理解得很好，班级荣誉在他的心里占着相当重的分量，这时我总会对他竖起大拇指。封闭的心灵一旦打开，万事都变得新奇了。

“小石头”打架了

今天晚上，又跟“小石头”妈妈在电话中交谈半小时。谈到小石头与王冬打架的事。“小石头”骂王冬是“杀人犯，判刑”之类。我想“小石头”之所以这样说，也许也想学着别人的样子开玩笑吧。结果王冬挥拳上前，“小石头”大加还手，毫不示弱，又掐又踢，经同学劝阻才算作罢。事后问及此事，“小石头”不知所云，对王冬做一番思想工作：君子动口不动手，“小石头”骂人不对，你先动手更不对，动手即成无礼者，尤其对“小石头”更应该怜爱有加，怎么忍心动手打他呢？王冬顿觉惭愧，决定改掉“动手”坏习气。

又谈到如何进一步提高“小石头”各方面能力的问题，目前，他在家是个乖巧的小男孩，在校也能和小朋友玩耍，只是不爱看书，阅读困难，需要加以鼓励和有效的指导。

“小石头”爸爸在加拿大，方老师带他很不容易，然而她却对我说孩子那么好，那么听话，言语中洋溢着幸福和满足。这种乐观的精神本身就是孩子的希望，就是对孩子最好的教育。这也恰好和我这些日子的学习相吻合，凡事包容，凡事相信，凡事盼望，凡事忍耐。这是爱的真谛！所有的人，沐浴在爱的雨露中，都会为之一新，为之振奋。同时也真正领悟到人只有真正经历心灵、肉体的磨难，才会有如此高的境界，才会去笑面人生。尽管这笑是如此的沉重，但是最终是笑颜的。

早晨，恰逢青岛大学来了班车，我有意观察“小石头”，他和几个小男孩牵手跑来，见到我便低头跑开。一路嘻嘻哈哈，甚是可爱，看着小石头和小伙伴们远去的背影，谁又能想到当初那个封闭的

"小石头"呢？爱能创造奇迹！

秋天是困难的时期，目前看来他还是很稳定的。也许就是断了牛奶和麦制品的关系。专家说"小石头"不能喝牛奶，也不能吃麦制品，他可认真啊！我亲眼所见，有一次，小朋友送他巧克力，他仔细阅读成分说明，发现是牛奶巧克力，他摆摆手，断然拒绝，态度好坚决的。

"便衣学生"

"小石头"不戴红领巾，说是要当"便衣学生"。其实这只是借口，你看，他不停地翻弄T恤衫领子。其实是他觉得光着脖子戴红领巾很难受。但又不好意思说，只好编出个"便衣学生"，真够可以了。

这件事说明他的自我意识的增强。他能为了维护自尊心而编造借口了，这不，"便衣学生"还是很有创意的(当老师细心很重要)。我为当时发现他的小秘密感到高兴。

第二天，他穿了件带领子的雪白衬衣，端正地戴上了红领巾！因为不戴红领巾，是要给班级扣分的，他不愿意给班级抹黑。

军　训

今天，王冬的爸爸来给孩子们军训，"小石头"很听话，努力站好，眼睛也能直视前方，很像那么回事，五指努力夹紧，叔叔揪揪他耳朵不准他眼乱转，他也很听话，尽全力站好，那样子完全是一个顽皮的小男孩而已，真让人高兴，我想他妈妈看到了也一定很欣慰。

"小石头"对办公室产生了浓厚的兴趣，下课了就往办公室跑，他开始好奇，老师都在办公室里做什么呢？经过一段时间的观察，他弄明白了，老师们在办公室里不过是批作业、备课，有时还聊天…… 也就不去办公室了。

丁珊和辛宇宙学习落后，我动员全班一起帮助他们俩，他也主动站起来，而且眼睛能直视辛宇宙和丁珊，说："我也可以帮助他们学习。"

需要帮助的人

今天有来自泰安的老少三口拜访，妈妈资料员，姥爷矿局职工，小女孩高婧雅，患孤独症，七岁半，在泰安实验小学读书。妈妈诉苦说，老师难以接受孩子过分的顽皮，同学也歧视她，家长苦恼，便四处询访，他们从山东电视台看到亮亮(当时"小石头"的化名)的报道，风尘仆仆而来，在办公室不方便交谈，邹淑静老师立即主动提供语音室，真是解了燃眉之急，很受感动。

交谈中他们总是问"你是怎样对待亮亮随便下座位的？"之类的问题，我总结出：恩威并举。既要给予特殊的关爱，又要力争用平常孩子的要求尺度要求他，随时把握分寸。多鼓励，多交流。

临走，妈妈依依不舍地说："高婧雅要有你这样的老师就好了。"我听了这话，不知怎的，心里觉得很沉重。

晚上，刘竞俊的爸爸从上海打来电话，说奶奶告之刘竞俊晚上七点半尚未回家，全家人急得要命。我放下碗筷，急忙去找，终于在学校后门口找到刘竞俊，这孩子傻等他奶奶来接等了两个多钟头，天黑得早，确实让人着急。我打车把他送回家，他奶奶很是感激。原来，刘竞俊数学没有考好，他怕妈妈批评他，又觉得对不起妈妈和奶奶，于是就在学校外面，不想回家。我和他的亲人，做了一次长谈，我们都深感孩子应变能力的培养确实很重要，对孩子管得过牢、过死其实也是一种溺爱。在面对孩子的教育时，我们都是需要帮助的人。

感动于“小石头”的进步

“小石头”进步很大，看到我，他微笑着问好：“老师，李老师！”。笑容那么甜，好像还有更多的内容：“你是好老师，我喜欢你。”多好的孩子啊！谁见了那笑容都会被深深地感动。

上级要来检查广播体操了，梁老师用第三节课来学操，这下“小石头”急了，喊着，跺着脚：“第三节不能上了，作业写不成了。”看来好好学习，认真完成作业对于他来讲是那么重要。我没有批评他不守纪律，也没去哄他，我让他哭，我拍拍他的肩，摸摸他的头：“不要急，再找时间写作业。”他安静了许多。当众批评一个爱学习的孩子会挫伤他的自尊心，哄他，他会发更大的脾气，安抚他，抚摸他，让他哭，他的心会好受些，果然一会儿“小石头”便安静下来，认真做操，很乖。

“小石头”又有进步了，上课时他抢着发言，这时我会赶紧把机会给他，这是任何老师都会去做的，而且会情不自禁地被他感动。

他读课文时声音小了些，但还是鼓励他，帮助他树立信心。

拍摄英语课

青岛电视台二台阿健来录“小石头”上英语课，据说要拍成系列，即专题片。他们事前并没通知我们，幸好邹淑静老师很体谅我的处境，加上平时她就对学生很温和，尤其对“小石头”格外爱护，“小石头”最爱学习英语，和邹老师教态的和蔼可亲，有很大的关系。这节课要录像，很突然，但邹老师二话没说，积极配合，很从容地让电视台的阿健进课堂，她依旧自然大方地上课，时常叫“小石头”回答问题，配合拍摄角度，拍摄工作很顺利地完成了。阿健直夸：“邹老师真是个难得的好老师！金门路的老师很棒！”。

因为总有摄像机追随，“小石头”难免骄躁。

今天是星期二，我称它为“黑色星期二”。晨会，我班已是连续第五周没得纪律红旗，很沮丧，要是以前我会去找原因，问个究竟。这次我没有，我很平静，其实不用问我也知道其中原因。

第二节课打了下课铃，可我还有一个课文结尾没结束，我继续写着，“小石头”站起来说：“打铃了，下课了，该出教室了。”我断然拒绝道：“不行，还没有宣布下课，坐下。”“小石头”很难过，哭了。“打铃了，要下课了。”我于是松口：“那你先出去吧。”他跑了出去。下课后，我心里还惦记着他，叫学生去找，结果他自己跑上来，愤怒地吼叫：“你拖堂，我揍死你。”说着跑过来朝我猛推一把，我惊呆了，“这还了得，必须要管教。”于是我把他叫到教室，狠狠批评了一顿，他气得直说对不起，但心里不服，还直冲我叫骂，那样子一副又坏又赖的样子，真是让人很难想象，他能把那些别的孩子做的坏样子学的如此熟练，并用在学校、用在老师身上。我于是像对别的学生那样把话软下来，更没想到他上来咬手，我躲闪着，还是被他抓破了，出了两个血口子。这中间真想打电话叫他妈来，但我克制了，我冷静地思考着：作为老师，出现这样的事，真是应该很好地检讨自己，做事不冷静会导致很多问题。

今天感觉太失败了。

当石若玺说拖堂时，应该冷处理，或耐心地劝其平静。

再有批评时语气不能太软，语气要坚定。

最重要的是不能"宠"，凡事迁就、纵容、没有原则，形成心理定式后，一旦情况发生变化，便难以接受，以致狂躁，看他那凶狠狠的样子，着实让人惊恐，我的后头皮都麻了。

但他看到我的手被抓破，"小石头"立即平静下来，忐忑不安起来，不知什么时候，他打电话把妈妈叫来了，电话中说："我把李老师抓破了，你快来处理一下。"他终于知道自己错了，而且知道叫妈妈来解决，会比在家中解决少受责备。他知道为自己的不克制找一个借口。你不能不说他是个聪明的孩子，有自己的思维方式。

要真正教好这个"小石头"还真应当做出很好的研究与揣摩。"爱"和"宠"是两个不同的概念，爱要有度，宠是纵容，这个度要把握好，严慈并举，既严格又要鼓励，使他看到希望，看到努力的方向。但要清楚地告诉他哪些话可以说，哪些不能说，为什么。做这些时要耐心，一次不行两次，直到纠正为止。

小石头在站队时往往会到自己的世界中去，念念有词或重复一些动作，直接制止他，他很难接受，我灵机一动，干扰他说："下节课上什么？"他马上回来说："上品社。"就此可以引出一些话题来谈论，以达到干扰的目的。

星期六，阿健又要拍一组镜头，是老师带领学生们教"小石头"做操，大家排好队，他在队中还是很听话的，比在学校强。和郑小姐谈起“小石头”，她说要教会“小石头”知道关心别人，体谅别人的难处，不能只求别人如何关爱他。

我想我的身份是老师，不能像他妈妈的朋友一样溺爱孩子，因为他们的喜爱是在和孩子的玩耍中建立起来的，他们不需要负更多的责任。而为师者，要教会孩子的更多的是如何做人，做人就必须克服自身的坏性情，对于“小石头”，这个开始打开心门的孩子，要教他做人是要有耐心的，教孩子做人，还需要有严肃认真的态度，所以我对他的称呼恢复成“石若玺”，这是我经过理智的考虑后做出的决定，标志着我对这件事的认识的提高，并有了质的飞跃。

对石若玺的教育需要的是爱心和耐心。而于我，“小石头”就是一块试金石，看你有多少爱心和耐心，看你有多大的承受力、多久的耐心。

近来，石若玺站队不守纪律，乱动乱说，似乎回到了他的世界里，这时他念念有词，甚是急人，多次劝说无效。

下午，我试着让他在队伍后面多站了一会儿，似乎有效，上楼后他看着我，眼神中有胆怯，又有倔强，我没去看他，让他自己进教室。既然我们使他朝正常人方向发展，就得像对其他孩子一样要求他，这样才能使他真正地成长起来，懂得约束自己。放学后，他主动找到我，笑眯眯地说：“老师我是不是表现得很好？”我说：“怎么呢？”原来他希望开家长会时，我能在他妈妈面前表扬他，我说：“你有进步，也有缺点。”他急切地说：“我请你原谅，你不要告诉妈妈，我会改的。”我答应了他，并要求他一定要改掉站队时乱打人、乱说话的毛病。

他总在站队时打刘竞俊的屁股，说是开玩笑，打着玩，因为刘竞俊对他很好，所以要开玩笑。唉，“小石头”恢复了他原本的顽皮。

一位教师找到我，说石若玺总是对着她喊“我要判你死刑。”让人很气愤，让我管教。我找“小石头”谈话，对他说：“学生要学习，判刑是法官的事。”叮嘱他见老师要问好。他答应了。结果下午他妈妈来说，中午回家哭了，饭也没吃好，还说：喜欢蔡老师，要给蔡老师送巧克力，并一定要找蔡铮，亲手交给她。为什么喜欢蔡老师呢？因为蔡老师不但长得漂亮，而且对待学生很温柔，“小石头”是极其喜欢蔡老师的，那就请她协助教育“小石头”吧，果然，蔡老师笑眯眯地跟“小石头”谈过话以后，“小石头”明显放松了很多，不再到处喊了。

原来“小石头”偶尔看见了那位教师批评学生时，态度很严厉，他觉得很难受，因此以此方式表达不满。看来，一个老师凶学生，会对孩子造成很多不良影响，别的孩子也许会隐瞒自己的不满，而石若玺不会，他用他的方式解决问题。

在学生面前，为师者真要很好地控制情绪。既然我们爱他们，就应该多给他们笑容和耐心。

“小石头”的进步：

(1)和同学发生口角基本能控制情绪，平静较快，事后表示出后悔、担心、关切。

(2)能听进道理，并照着做。

(3)有表现欲。弹琴，表扬别人时，他问：“我有没有进步？”开始关注他人的评价。

(4)每节课下课都要到办公室转一圈，像个督导员，也许别的孩子早就不感兴趣的事情，“小石头”才刚刚开始好奇。

(5)和李苑菲及陈新亚有了矛盾，开始接触同学，但是还不知道怎样和他们交往，不知道如何表达自己的想法，这已经很不简单了，一般的孩子会采取很多种技巧来维持一种相对和谐的关系，比较灵活，或者有能力说服自己，但这对于“小石头”确实太难了。

教育“小石头”的过程，让我更多地思考，教师到底应该给予学生什么，是要做师道尊严，居高临下，还是真正地俯下身子，做孩子们的良师益友。

这块“小石头”已经在大家的关爱中，在自己坚忍不拔的努力下，以优异的成绩完成小学学业。那个忧郁、胆怯的“小石头”已经成长为英俊的少年。

沿着他成长的足迹，我们有的更多的是反思后的感悟。如果当初的他只是向我们敞开了孤独的心扉，那么今天的他已走进我们。回想起这三年中的点点滴滴，的确，我们共历风雨，共同成长。

经历是一种文化，磨砺是一笔财富。教育“小石头”的过程是令人难忘的，越是回忆，越是感到做一名教师需要不断地完善性格，才有资格面对不同的学生。但愿我也能在不断的反思中成长。

写于 2003.7

我和“小石头”牵手的故事（3）

今年的开学，又遇到了教师节，接到了“小石头”的电话，“李老师，教师节了，我去看你，我买了花，去看你！”我心里一阵激动“亲爱的‘石头’，不用买花，你就是最好的礼物！”“李老师，我都买了，您不用客气了。”哦，电话那边传来一个成熟从容的声音，这还是当年的“小石头”吗？

我不由得想起来夏天我去参加关于“以琳”自闭症儿童康复中心的一档电视节目。在那里真切感受着“爱能创造奇迹”，“石头”和妈妈方静老师坐在嘉宾席上，和主持人互动，在聚光灯强烈的光亮里，“石头”的脸庞闪动着自信的光泽，充满青春的朝气，“石头”再也不是那个胆怯，偏执的“小石头”了，真的如我在当初宣传青岛市市南区金门路小学爱心集体的演讲中所说的，相信“石头”会在人们的关爱中，成为一块美玉！他回顾着自己从幼儿园到大学的成长经历，说出自己经历的困难都是一笔带过的，但是在每个阶段，都会真诚地感恩亲人老师和朋友的付出，特别提到了在小学阶段，得到了老师和同学们的帮助，那个阶段也是“小石头”和爸爸妈妈经历的最困难的时候，自闭症带来的学习生活上的困难，以及如何与周围伙伴之间的相处，都像一座座大山，考验着方静老师一家人的意志，他们满怀着感恩的心，使每一个和“小石头”在一起的人，都充满着期待和力量。

这不，“小石头”和以琳自闭症儿童康复中心要接受青岛电视台专题录制节目，“小石头”特意邀请我去录制现场，作为“小石头”的小学六年的老师，感到很荣幸，这么多年过去了，“小石头”已经是大学生了，每到提及自己的成长，都会如数家珍般地感恩每一位帮助过他的老师、同学，我把这件事告诉了徐文淳校长，徐校长对“小石头”的进步和对老师的感恩之情，倍感欣慰，还特地准备一份礼物让我带给“小石头”。

到了广电大厦明星大厅，那里张贴着青岛的影视明星巨幅照片，他们的笑容光鲜亮丽，但却很遥远。不一会儿，“小石头”爸爸来了，又聚拢了许多年轻人，原来那是以琳的年轻教师石贵成老师，“小石头”的爸爸是澳门科技大学的知名教授，也是“以琳”的创始人，他笑容可掬，和那些年轻人熟络地交流着，就像是一家人。怎么不见“小石头”和他的妈妈？原来，他们是今天真正的明星，正在后台化妆呢！

终于开始录制了，主持人开场白后，聚光定打在了“小石头”和妈妈方静老师身上。多帅气的小伙儿，他姿态从容，彬彬有礼，语言大方得体，我坐在观众席上，眼都看直了，这时的“小石头”就是一块美玉啊，比那些明星耀眼多了！听着方老师叙述着自己陪伴孩子走过的艰辛而又快乐的日子，“小石头”在小学六年生活的往事历历在目，我感慨万千，内心涌动的感恩和敬佩化作泪水，无法抑制。

方老师在和“小石头”的陪伴中，自己开创了自闭症康复中心，起名“以琳”。以琳是圣经中一个有苦水泉的地方，寓意甘甜，我想方老师给自己的机构起这样的名字，应该是告诉大家：苦尽甘来。他们从一个小小的库房做起，没有经费，没有援助，没有社会的认可，他们凭着一份善良，一份博爱，一份责任坚持了下来，我们都称自闭症孩子是来自星星的孩子，看着这些“星孩”无尽地沉浸在自己遥远的星空里，现实中的“星爸”“星妈”们，他们的内心又是怎样的挣扎，怎样的痛苦，都是我们无法体验的，能坚持到今天，能把康复中心发展成今天的规模——目前校址已于2017年4月2日迁到城阳，规模和设备有了大幅度提升！150多个老师，300多个自闭症孩子前来康复，都要在网上报名，排队都要等到一年以后，这一路上，方老师带领他们的团队，又走过了怎样的艰难，这一路的辛苦，更是我们无法想象的。

但是在那里，那样目光聚焦的场合里，在方老师轻松的话语中，我却深深感受到了从事特教老师的“苦”，去那里的孩子，开始不能坐，不会进食，只会重复着一个刻板的动作，无休无止；去那里的家长，从开始的痛苦无奈，到看到了希望。我从方老师的微信圈里，读到过多次让人流泪的场景，有的自闭症孩子得不到社会的认可同情，遭受不公正的评价和待遇，有的自闭症家长自己本身有着很不良的心态，把愤怒发泄到方老师和特教教师们身上，他们都要擦干眼泪，抹去手上被抓伤流出的鲜血，继续前行……

泪水又忍不住往下流，整个录制过程中，方老师和小石头却始终微笑，没有诉苦，更没有抱怨，每取得一次进步，最先感谢的都是石头的老师，感谢所有给予他们帮助的人，感恩始终贯穿在他们的言语中。真正经历世道的沧桑，饱经苦难的人，才会发自内心地懂得感恩，而感恩的人懂得珍惜，才会流露出自信的微笑。

“小石头”在大学的阶段喜欢上了一个女孩，可那女孩拒绝了他，听到这里，我的心不禁紧起来，想当年，我教“小石头”时，因为孕期反应，病假中，“小石头”每天都会睁大不安和生气的大眼睛，执着地找我：“李老师呢？你们把我的李老师藏哪里了？”对于感性和执着的表白，是会让人揪心地疼的，青春期的孩子对于感情被拒绝，本身就是很令人羞恼的事，“小石头”的心境可想而知，还要面对大学生活和学习，我想那段日子会很难熬，方老师回忆这段经历“每当‘小石头’反反复复地跟我们说一些事情时，我们都表示我们听到了，当他愤怒的时候，我们表示认同他的话语和感受；当他觉得无助到双眼通红时，我们给予深深的拥抱……”正是爱的神奇力量，让“小石头”一点点柔软、灵动起来，能够站在他人的角度思考问题，渐渐地能够理解感情的真实内涵。

“小石头”大学毕业前，申请读硕士，他报了香港浸会大学和香港中文大学。香港浸会大学的面试通知先来，并且顺利过关，他自己也觉得香港中文大学的要求太高，没有把握，而且香港中文大学的面试非常严格，好几个面试官，近20分钟的面试时间。然而，让他们感到意外的是，“小石头”通过了，香港中文大学竟然录取了他。更让方老师感到惊讶的是，香港中文大学提前知道“小石头”有自闭症。因为那些学者也都因为“小石头”和妈妈一起向自闭症抗争20年的故事而感动，问了很多“小石头”实习和支教的事情，不管是谁，都会被那种在绝地抗争并忍痛帮助别人的人给予敬意。

每一步的前行，一家人都会在感恩、赞美中成长。“多少泪水，多少的奉献，多少的真诚，多少的爱。‘石头’成了一个问寒问暖，乐于助人的小帅哥，都说训练自闭儿是只管耕耘不问收获的事业，其实不是，自闭儿的成长，是带给我们人世间最大的收获。”这是方老师在回顾“石头”的研究生毕业典礼时的感想——他们感恩所有的遇见，甚至感恩在矫正孩子病痛的过程中，给予他们人生的重塑：方老师不但成功地教育了“小石头”，并把自己的耕耘化作对其他自闭症儿童家庭的祝福。

每每听到方老师微笑着说这些时，我的心都会被深深地触动，眼泪越是不自觉地哗哗流淌，这是感动的泪水，感动于人间的历练，泪水所孕育的花朵竟然如此灿烂；感动于如此的历练，却让人心生感恩；这也是感恩的泪，感恩我们的遇见，让我有了如此经历与启示，成为一个苦尽甘来的见证者。我们每一个人养育孩子的过程，都是上帝给我们的一个最好的磨炼心智、灵魂成长的机会。不管是自闭儿童还是普通孩子，都是上帝给我们的最宝贵的礼物。感恩孩子，是他们让我们成为父母，感恩孩子的成长，让我们看到了自己心灵成长的需要。为人父母、为人师，孩子的言行成为我们的镜子，只有在磨砺中成长，在感恩中前行，我们才会看到镜子中的笑容，如花般灿烂。

后记：

方老师甜蜜的回忆：

场景1

2015年11月21日，"小石头"从香港中文大学硕士毕业，典礼上，帅小伙帮我们找座位，典礼结束后，他带我们到各个重要景点拍照留念。回来途中，他说去看看能否顺利还了毕业袍，让我们在门外等他，当我看到别人在领毕业文凭的时候，我跟贵成说我上去看看替他排个队，等他下来让他上去找我。当我进去时我发现儿子已经在排队，他说还了毕业袍下来，不如把文凭也拿走，省得再过来了。也许这样的事情对别人来说很微小，可是"小石头"能考虑如此周全，我却湿了眼眶。

场景2

硕士毕业，当“小石头”继续申请博士时，教授们问他：“你想清楚了你将来一定去大学教书？或去研究机构做研究？若你做不到就不该浪费政府的资源来读博士。”“小石头”自信而坚定地说：“教授这份职业对人类社会进步起着重要的作用，我可以通过为学生解惑授道来影响他人，还可以通过在自己喜欢的领域上不断突破来促进科学上的进步！”“小石头”坚信教书育人，学术研究都是他要努力的目标，他引用圣经说：“到那时候耶和华必重新得力，他们必如鹰展翅上腾。”

我想这就是现实版的“以琳”吧，苦尽甘来，并把自己对命运的抗争，变成对其他自闭症孩子家庭的祝福。这是感恩最深的境界。

教师手记——在牵手中成长

和孩子们共勉——追赶汽车的少年

终于接着孩子放学了，坐上了227路车，一路颠簸，穿着高跟鞋的我，疲劳地站在拥挤的人群中，看着一遍一遍经过的街景，心里巴望着有个座位。幸好旁边的一位乘客起身了，我一屁股坐下，心中暗喜。又过了两站，汽车就要进站，窗外，马路的对面一个骑着自行车的白衣少年，向着跑出去的同伴大声喊："别去追了……"可是随着声音，少年已经跑出很远，只见他身着一身黑色的休闲装，脚蹬旅游鞋，用力地奔跑着，一边跑，一边看着227的身影，那奋力迈开的双腿，那咬紧的嘴唇，分明大声地示威着："我一定要追上你！"顿时，我仿佛也成了追赶汽车的少年，那不就是曾经的我吗？不服输，暗暗地拼着一股劲头。不顾一切，不管失败，不怕身边飞驰的危险……只有那一个目标，就是追赶！

我的目光不由得被他深深地吸引，我的心仿佛也跟着他一起加快了跳动，快跑啊！你一定能跟上！我在心里大声地喊着。一车的人都注意到了他，有的期待，有的无动于衷，有的视而不见……

到站了！汽车停了，可是他还要横穿马路啊！我的心又不由得紧了起来。也许路上的司机们也被少年的这股英气所震动，纷纷让道，对今天急于抢路的司机，这真是出乎意料。霎时，那黑色的身影，在227路的车窗前像闪电般地擦了过来，上来了！他微微喘着气，并没有想象中的呼哧呼哧，这就是少年，可以毫无羁绊的奔跑，而且剧烈的奔跑并没有让他疲惫不堪，我心中不由得羡慕起来，振奋起来，心里为他鼓起掌来，甚至想号召一车的人为他鼓掌，真的，他应该为他的勇敢和执着得到掌声！我为他高兴，也真诚的在心里感激他，他就像生动的音符，给身边这个枯燥的乐曲增添了活力，增添了一份感动！夕阳斜射进车窗，印在少年宽阔的额头上，那渗出的细小的汗珠，被这光映衬着，他的脸就像是蒙上了一层金纱，透出满足的微笑，胜利的喜悦……

啊，追赶汽车的少年，其实是在追赶太阳，不是那用力的奔跑，不是那付出努力的汗珠，又怎能让落日的余晖洒在脸上，闪烁出动人的光芒？车依旧向前行驶着，我的心却不能平静，我们每一个人不都是在追赶太阳？每个关键的机遇都在自己的脚下，努力地争取便有了闪光的感动，向着太阳，满足的微笑！

夕阳的最后一抹余晖消失在街道的尽头，但那奋力向前，充满活力的双腿，那期待中执着的眼神……是的，那美丽的夕阳，只有照在汗津津的、充满着青春张力的脸上，才会闪动如此动人的瞬间，但是这美好稍纵即逝。少年！当追赶时间的人吧！岁月不会辜负你的奔跑！

备注：本篇于2011年作为卷首语发表在《红蕾》《故事宝库》第7–8期当中。

会听话是一种大能力

我教过的第二轮大循环的学生又要面临初中毕业了，直升之后，有好几个我们班上的学生直升二中、五十八中，其中就有刘剑夫，那个曾经调皮，喜爱爬山等运动，模样秀气的像个小姑娘的男孩。一天下午，连续有一个电话打过来，因为忙着上课，都没有接听，终于要放学了，赶紧打过去，原来是刘剑夫又来向我汇报他的好消息，他荣获直升二中，急匆匆地要把这个好消息第一个告诉我——他的小学老师。我把一年级的孩子们送出大门，看见了铁门外，一个英俊的少年一边在跟周围的家长说着什么，一边向我招手，这少年就是刘剑夫。原来有个接孩子的家长看他向我招手，便问他："你也认识李老师？"他说："我是李老师的学生。"那语气里有着长大后的自豪。我赶过去，忙叫他进来。少年的眼神里有透着羞涩和喜悦，我被深深地感染着，大声向周围的人介绍："这是直升二中的，我的学生。"说着不知怎的，心中的热流便涌上眼眶！祝贺之后，我问少年："你为什么总把自己的好成绩告诉我？"少年答道："我上小学的时候，李老师曾经说过，刘剑夫这孩子聪明，潜力大，好好学，将来能上二中。我听李老师的，要证明给李老师看！"

我回想起来，他妈妈总是跟我说这孩子听老师的，至今这孩子还是对他的小学老师感情很深。我说这孩子是最会听话的，能够从老师的话里听出希望和期待，更可贵的是能付诸行动！这是会听话的孩子获得了成长的动力！

老师的话，当然是在课堂上说得多，会听话的孩子自然是会听讲的孩子。听说今年考上二中的有近十人，当然分数不是衡量一个学生的唯一标准，但是一定是很重要的标准。这高分的背后一定有很多我们可以借鉴的东西。那些能够在考场上占据优势的孩子，都是很认真的孩子，只要是上课，总能看到他们专注的眼神。认真听老师讲，认真听同学说。因为听得认真，老师教授的方法，他们会毫不含糊地使用，提高了学习效率；老师提出的注意事项，他们会严谨细致的运用，避免不必要的错误。长此以往，就积累了良好的学习品质，打下了扎实的基础，显示出学习上的优势。这是会听话的孩子获得了学习的能力。

在做人上，这些孩子也是很会听话的，我正在写这些话的时候，我的一个学生在QQ上发来了消息。她说："李老师，我喜欢你的个性签名，牢记他人的好，温暖自己的心。最近心情有些郁闷，不过看到您的签名后感觉自己的胸怀不够宽广，应该像您说的一样，换个角度想问题，多亏李老师这句话，才让我不再去钻牛角尖。"(我这时候才注意到她的签名是"郁闷之极")你看，这个小姑娘从我的一句签名里，又得到了启发。这是我的第一轮大循环毕业的学生，已经到了上研究生的年龄了。今年夏天，这个学生被保送上海外语学院法语研究生了。她当时是班里的中队委，很听话，老师交代的任务总是尽心尽力地去做，并得到了很好的锻炼，"小石头"就和她坐同桌，她的谦让很令人吃惊，有一次，"小石头"用铅笔扎她的后背，她没有怨恨，直到今年的夏天，"石头"和妈妈特意邀请她来一起做节目，她还是说，因为老师让大家关爱“石头”，要把“石头”当成小弟弟一样。她觉得小弟弟犯了错误不应该计较，当时在班里有了很高的威信，至今谈起来，也令在场的人都很受感动。至今，她依旧会从老师的只言片语里，获得打开自己心结的钥匙，这是很会听话，受人敬重的孩子。能听进别人的好话的人，随着社会阅历的不断增多，自然能获得很好的自我调节的能力，活得会更轻松些。这之后的签名，就变成了：“学会同情，学会理解，学会包容。”相信她已经走出了心灵的峡谷。如果这样去走以后的道路，我坚信：不管她会取得怎样的成就，有怎样的社会地位，有一点是肯定的，那就是她一定会有一个幸福的家庭，幸福的人生。所以不得不说，这是会听话的孩子，她获得了成长的能力。

要想成为会听话的人，首先要听父母的话。

回想我的人生道路，真的很懊悔，我不是一个会听话的人。小时候不听话，老师倒是经常鼓励我，表扬我，可是我就是认为自己不行，当别人真的指出自己不足时，又十分生气、沮丧。

小学的时候，老师让我参加数学竞赛，好一个动员，因为怕老师批评，于是，硬着头皮去竞赛了，那时的竞赛是要统计时间的，我虽然交卷子晚点，但是有一道绕弯的填空，是唯一答对的孩子，于是就拿了个第一。从此有了侥幸的心理，错误的觉得自己很聪明。

初中的时候，老师依旧建议我去参加英语竞赛，我那时很害怕考不好，丢面子，就是没有去，卷子发下来，题目好简单咧！想想当时老师对我是很期待的，但是看着那个一直空着的竞赛位置，一直没有露面的我，老师的不满可想而知，便给了我个结论：死要面子，活受罪。我心里的难受就别提了。

高中的时候，老师讲课我经常不去(高中老师是不管的，爱听不听)，觉得老师说的老生常谈，不如自己在家里复习，结果高考的时候就是考的老师精讲的东西。在那个高考异常惨烈，分数像命根一样的年代里，吃亏自不必说了！

工作以后，很多生活上的选择，工作中的重大机遇，也是自作主张，非常执拗地没有随和……之所以这么不听话，最大的原因是我从小就不听我妈妈的话，我母亲是极其温顺贤良、心胸宽阔的人，对子女从不做要求，不听便作罢，绝不和孩子较劲。只在生活上给予无微不至的照顾。父亲忙于事业，无暇顾及，小的时候，是很难见父亲一面的。性情应该是没有得到更好地塑造。小时没有塑造、磨炼，就只能大了在社会中自己跌跌撞撞的完善、总结、提高。否则真的没有办法度过一个又一个的坎儿。但是这是要付出很重的代价的。也许当老师对我来说算是幸运的，因为在这个职业里，要求老师必须经常性的反思自己的教育教学，可能在反思的过程中，便自然地进行了自我教育，自我完善。慢慢地就学会了听话，不再我行我素，不再自命清高。学着别人的样子去换个角度，去劝说自己，不去钻牛角尖……

真的要学会听话了，时间不等人啊。从小就不会听话的孩子，注定了会有很坎坷的人生。做一个会听话的人吧，就从听父母的话开始，就从会听老师的话开始。

牵手的故事——记我和一年级的小伙伴

我和我的小伙伴们已经走过了六年，就把当时写的他们，呈现在这里。亲爱的孩子们，当你们看到这些当年的文字，一定感慨曾经的天真，一定感叹如今的成长，不管你们将来在哪里，不管去向何方，你们的爱都将留在我的心中，留在那片最柔软，最温暖的地方。

（一）

去年去分校接了一年级，我已经有八年没有教一年级了。坐在去学校的公车上，经常能碰到这些一年级的小孩儿，别看就那么四站的路程，但是经常性的堵车，我数了数，一处信号灯不绿上三四次，这车子是过不去的，心里难免焦虑，总是担心什么。但是这时候，总是能听到孩童的玩笑声，他们的心里总是快乐的，什么事情也不会让这些孩子们忧愁。急匆匆的脚步带着我赶去学校，心里只有一个念头，快点走，快点走。头也不回地就过了马路，天天早起伴随着我的就是这份焦虑。直到寒冷的一个冬日，终于到站了，下车的一瞬间，传来奶声奶气的叫声：李老师。我回头，是小S，圆圆的小苹果脸，笑眯眯的小眼睛眯成了一条缝，充满着期待，一阵寒风吹来，身边是穿梭的车流，“来，我领着孩子过马路吧。”能为家长做些什么，就尽力做些什么吧。“那好那好，谢谢老师了。”妈妈的眼睛里满是期待和感谢。牵着孩子们的小手，不知怎的，猛然间有种自豪感，我领着孩子过了马路，分明觉得出身后那双期待的眼睛。意想不到的是，小孩儿的手原来是这样柔软，稍稍使使劲儿，似乎就会融化，于是我小心地轻轻地握着。这小手在我的掌心里是这样安静、有安全感，那温软的小手心儿仿佛触摸到了我的心里，瞬时间，融化了心里那片焦虑的，似乎被烧焦的硬土地。我的心被触动了。都说十指连心，一点不假，那软软的小手，分明就是一颗稚嫩的童心。是啊，老师的手，是最可信赖的手。真的呢，孩子的手岂可随意让人牵着，除了自己的爸妈，他们最愿意把手交给自己的老师。握着孩子们的手，就是握着一颗颗童心啊！看着他们稚嫩的小脸，听着他们最开心的欢笑，感受着他们最纯净的心跳，真的可以让自己心里那最柔软的部分不断地膨胀，足以融化任何焦灼的心——真的很奇怪，那原本急匆匆的脚步，随着孩子软软的手，小小的步伐，稚嫩的童声，慢慢缓和了下来，清风徐来，不再焦灼。

感谢你，亲爱的孩子和你那柔软的小手。

（二）

这是一双黑黑的小脏手，夏天还会潮乎乎的，刚一下课，他会来拉着我的手，把汗津津的小脑袋靠在我身上，这是表达他的喜欢，“我喜欢李老师。”弯下腰来，仔细地打量这个孩子，他有一双圆圆的大眼睛，长长的睫毛盖着黑黑的瞳仁，高鼻梁小巧的嘴，一个多漂亮的小男孩，可是就是这样一个刚刚还依偎在怀里的小家伙，转过身就会和小伙伴大打出手，没轻没重，并且还伴随着动画片里的动作和叫声，操场上到处是他的身影。一个顽皮的小家伙小H。

最近有好几个老师来反映上课的时候，小H同学总是钻到桌洞里，这是怎么回事？原来他被那些连环画吸引着，那种专注程度啊，得叫他好几遍才能抬起头来，即使抬起头来，也会愣愣地看着你，还恍恍惚惚地沉浸在那个世界里。而且最近这孩子的爸爸来短信说，孩子写作业用时很长，让我批评他。

我找到他，问道："你上课的时候看画书，老师讲的内容就听不见了，写作业的时候，会怎么样？"他低下了头，很沮丧地说"不会做，写很长的时间。那样，光写作业就玩不成了。""那就认真的听讲，学会了做作业就快了！"那好吧！答应得倒是痛快，可是坚持了没有两天，又开始上课看小画书了，这回小H见到我，自己主动承认了错误，不应该让老师失望。还是在我的办公室里，孩子伸出了小拇指："老师这回我记住了，咱们来拉钩。"拉钩？这是出乎我的意料的，看来孩子真是想改掉自己拖沓、浪费时间的坏习惯了，才下了这么大的决心。看到孩子眼睛里流露出了坚定的神情，我赶紧伸出小拇指，"拉钩上吊一百年不许变。"这个顽皮的孩子，那么执着着那些小画书，拉钩就能管用吗？我心底满是疑惑。果然，在之后的几天里，就再也没有上课看画书的现象了。我后来问他："怎么改掉上课看画书的坏毛病的？"他说："拉了勾的手，就不能再伸到桌洞里了。"原来牵着老师的手，获得了一分力量，也交上了一份承诺。哦，亲爱的孩子，老师愿意继续牵着你的小手，给你力量，并见证你的承诺和成长！

（三）

这是一双喜爱画军舰的小手，在这双小手的下面一艘艘军舰跃然纸上，有巡洋舰，有驱逐舰，有航空母舰，有驱逐舰，有护卫舰，有装甲舰，有导弹舰，有导弹驱逐舰，还有运输舰、巡逻艇、鱼雷艇等，把A4的纸张平均分成四份，每一份上都会有不同的军舰，先构图，用尺子画出轮廓，画上不同舰种的不同设施、装备，再用不同的颜色一点一点地描画上去，那份细致真是让人惊叹，每一个部位都有不同的颜色，没有一笔颜色会露出轮廓之外，每种颜色代表不同的作用，而且种类齐全，摆开阵势，就是一支强大的海上部队——“李老师，你看，这是快艇，快艇分成轻重两种：250~500吨的叫作重型快艇，低于250吨的叫作轻型快艇。”

真的！画的很像，一样式样的两种舰艇，一大一小，一厚一薄。很逼真，跃跃欲试的样子。

“轻型护卫舰有的还加装了直升机，但极少有直升机机库。这是我设计的护卫舰，具备面防空能力，这个大的仓库是直升机机库。这是驱逐舰，装着好多鱼雷。”

果然上面有许多红色的像炸弹一样的鱼雷安装在驱逐舰两侧。

“这是巡洋舰，这是航空母舰……”我们把这些战舰排列在一起，就组成了一支强大的“海军”部队！

你说这双小手有多神奇！孩子的手就是这样有创意，因为他们的心里有着最为丰富大胆的想象，他们的想象没有现实和实用的羁绊束缚，创新其实就蕴藏在这些看似天真、幼稚的图画里呢！

我牵过孩子的手，拍拍他的小手心，“老师看看你的这双了不起的手！”孩子笑了，那么自豪！“孩子，来，你来教大家画军舰。”孩子跳了，那么兴奋！孩子，可爱的孩子，老师愿意牵着你的手，来到台前，看着你给大家展示你的设想、你的才华，看着你那么自信，成为一个英雄！这一张张的彩色的军舰，将来或许会真的在辽阔的海上航行，今天幼稚的画作，或许就是将来新式舰艇的雏形。

（四）

“李老师，你看，我画的小人。”说着，一双雪白的小手递过来一幅幅妙趣横生的小漫画。看着有趣的画面，我惊奇地问：“你学过画画？”“没有，这是我想着画的。”拿过来一看还真是很有故事的，简单的、细细的几笔，呈现在被裁成一小块一小块的纸片上，上面画了许多小孩儿，在显著的部位上还描上几种简单的颜色，头发是黑的，嘴巴涂成红色。生动，表情丰富，栩栩如生，最重要的是，越简单的东西越能激发人们的想象。活生生的一幅幅“众孩像”：你看，这个是一个小男孩。我问她：“这孩子怎么生气了？还跳着脚。”“李老师，你看他的嘴巴撅得高高的，他嫌别人说他长得矮，说着还跳了起来。”一听这话，我乐了，仔细一看，还真是又矮又壮的一个男孩，嘴张得大大的，都能听见他在跳着脚哇哇地叫。心想，一定是在课间，小朋友们之间有过这样的事情。

又翻过一张，雪白的小手指指向一个高高瘦瘦的男孩，斜挎着个红色的小背包，“您瞧，他也是不高兴了，因为他的衣服上有mini的字样。”别人都说他穿了女孩子的衣服，所以就不高兴了。真的，看那画上的小男孩嘴巴都快歪到了耳朵边，一幅生气还不服输的样子。我拿过一支笔,在那个小男孩的胸前写了mini几个字母。这下,画中的意思就更加清楚了,我们俩也对视着笑了。

看她画的有趣,我也来了兴致:“以后就多用你的画笔画下来周围的任何事情好吗?”她乖乖地点点头,看着她白皙纯净的笑脸,我情不自禁地就把这个小人儿搂在了怀里。

面对这样一个极其听话,又善解人意的小姑娘,谁能抑制心中的怜惜和喜爱呢!

一次小测验,她的成绩不太好,发下卷子,我就隐隐地看到那藏在心里的眼泪。第二天,拉开我的抽屉,就发现了一封橘红色的折页信封,皮面上用黑色的水彩笔赫然地写着:

“送给李老师

下面是署名:爱你的旦旦2012.12.16”

打开里面,粉色的折纸上写道:

“李老师:我要谢谢您,教给我知识,帮助我成长。让我身上的虫子(我们常常把缺点比作苹果上的虫子)一个一个的掉下(掉用的是拼音)。此时此刻,我记在了心里,我想,一定要坚持认真写作业,期末一定要拿个好成绩!谢谢老师!”

我把这封信又放回了抽屉,什么也没有说,之后的这个孩子,果然把作业写得很工整,再也没有马虎,期末也考了好成绩。看着期末卷子上认真的书写,我被触动了,孩子在做着暗暗地努力。没有人督促,只要给老师的承诺就一定要兑现。对于这么小的孩子,这不就是坚韧不拔的意志吗!

这就是这些可爱的孩子们,牵着他们的手,走进他们的心灵,有的时候会有意想不到的惊喜和震撼!

这个早晨，旦旦依旧跟我说说她的新鲜事："李老师，我爸爸给我建了一个博客。""哦？叫什么名字？""旦旦的梦想国，那里还有我写的诗。"好听的名字。终于忙完了一天的工作，晚上，我要到旦旦的梦想国里去看看，牵着写诗的小手，一定会给我别样的感动……

附小诗一首：

我想成为一个巨人，
像青山那么高，
像大海那么大，
可是，妈妈说：
只有内心坚强，
才能成为一个巨人。

原来，小姑娘通过克服学习中的困难，已经感受到，要想成为强者，必须内心坚强。面对物欲横流的社会，面对我们不得不面对的现实，我们是不是也可以这样理解其中的深意：内心的强大，永远胜过表面的浮华；内心的强大，永远让心中充满阳光。你看，我们怎么能轻看了身边的这些小伙伴，他们纯洁的心灵，往往比我们更直接、更纯粹地感受生活的真谛，不带世俗的偏见，不带执拗的辖囿，不带岁月的磨损，这或许就是我们说的，难留童真，难得初心。

（五）

"下个周咱们折纸飞机吧？看谁的飞机飞得高，飞得远，可以在纸飞机上写上自己的心愿。"我对刚上学的小朋友说。"好！"教室里一阵欢呼。孩子们真心盼望着老师领着他们玩。我们正在试飞着自己折的纸飞机，这时，一只硬硬的小手把我拉到了操场的那一端，“李老师你看，我的飞机，飞起来不翻跟头，飞得远。”只见这孩子拉开架势，一只小银燕便飞将出去，果然直直冲冲的飞出好远，一阵风来，才很不情愿地回到地面！“哦，我成功了！”随着欢呼声，我们一起去捡那架很厉害的纸飞机，捡起那架小飞机，猛然间似乎捡回了一颗童心。这双硬硬的小手的主人就是均均，这是个不折不扣好动顽皮，活泼聪明，争强好胜的男孩儿，我拉过他的小手，仔细端详这双小手：短而粗，非常有力量的样子，但是硬撅撅的。没有想到手很巧，能把小纸飞机进行改造：“李老师，你看，我把头上的两边都折进来，这样飞机的头部就不会太轻，就能飞得很稳。”我拉着他的小手，“那我们就把这飞机的任务交给你，你来教大家折新式的纸飞机吧。”孩子的眼里涌动着满足和自豪。回到教室，教的可认真了，举着他的作品，一点一点地讲解，还不时会不安地回头看看我，看着我给予的信任的微笑，孩子更认真了。哪个同学有疑难一定会耐心的解答，因为他是老师嘛——我拉着孩子的手，让他和我一起来当老师，让他体会着自己的成功带来的快感，这是一个孩子，尤其是一个非常好动、顽皮的孩子特别需要的！孩子们需要展示优势的舞台！

看着这架被改良的小飞机，还有孩子跃跃欲试的样子，我想起了发生在这个孩子身上的故事。这小家伙总是爱琢磨事，他学东西很快，但是也性子急，上体育课他跑得快，但是不能遵守纪律，总是让老师说着，我们的体育老师是个很有爱心的老教师，被返聘回来的，看他跑得快，跳得高，又很积极，就选他当了体育课代表，看他做操动作到位，我们商量着让他做领操员，看他英语学得多，读得好听，就选他当了英语早自习的领读员，好家伙，身兼数职，刚刚入学的孩子们那可是羡慕极了，可不得了了，他更是沾沾自喜，紧接着就出现了好几次打人、骂人、吐唾沫的事件，老师说的还不听，气哼哼的一肚子理由，于是乎便挨了一顿狠批。到了晚上被吐了一身唾沫的孩子的家长就打来电话，说吐唾沫的行为不能容忍，说孩子一肚子的委屈。于是只好找了均均的妈妈，一起解决，他的妈妈是中国海洋大学的教授，博士生导师！在家里说是没有发现这样的行为，也是很不理解，问问孩子，孩子很委屈，很难受，知道自己错了，而且说这是在托管班里面学来的，觉得好玩。我们商量为了给他个教训，就想不让他担任这么多的“职务”了，让他冷静冷静。其实容易骄傲，难于控制自己的情绪，这不就是孩子嘛！要让小家伙一点一点地再争取回来。易性急，调皮的他，经过努力，确实在常规方面有了进展，我赶紧瞅准机会，恢复了他领操员的“职务”，孩子很高兴！觉得挺自豪的，这次是自己赢回来的，做操很卖力，但是性子急啊，总是抢拍，我就让他上讲台的时候，走着上去，帮助自己把节奏慢下来。这不，今天做操，他就没有再猛地跑上去，回头看看老师，收回了紧跑的步子，做操的时候很有心地跟着节拍做。看着这种情景，我心里一阵感动！

教师节了，这双硬邦邦的小手捧来了名为“雅趣”的盆栽，这盆栽两个花盆一高一低连在一起，里面栽种着两种植物，一颗栽在了矮一点的盆里，一颗栽在了高一些的盆里，每个花盆里都铺上了一层白色的小石子，还有一个仿真的小红蘑菇，的确显得很有趣，很雅致。至今这盆景还在我的办公桌上。我记得当时我和孩子一起看着这盆栽，心发感慨：“孩子，这颗在矮一些的盆子里的小苗不就是你吗？那个在高一些的盆子里的不就是老师我么？将来你一定能超过老师，就像这小盆里的植物。”孩子似懂非懂地点点头。“你每天都来给他们浇水好吗？”“好！”这之后，果然天天早晨来浇水。只是第一天就闯了祸，水浇的太多太猛，漫了出来，流到了办公桌上。“办公桌都发大水了，作业本、书都湿了。”小朋友一阵忙乱，告状的，擦水的，我心里也很急，但是看着孩子不知所措的样子，忍住了火气，告诉他做事要有条理，并演示了一番，“孩子，做事要耐心，一点点的浇水，才能滋润土壤，否则土就会被冲跑了。”说着我和他一起捡起了被冲到外面的小石子。他点了点头，以后再来浇水就发现他很仔细、很小心。并告诉我，这两个花盆里面是相通的，中间有个窟窿，只要浇上面的花盆，下面就能有水了，又过了一段时间，真的如我想的那样，那下面矮盆子的小苗就超过了上面的，而且越发的壮实。水从上面流下来，必然也能带来些土壤里的肥料，那棵上面的苗就有些枯黄了，叶子也掉了几片……正如做教师的，一旦牵起了孩子的手，心灵就相通了。就自然地想把自己最宝贵的东西给孩子，哪怕自己变得憔悴。

牵着这一双双调皮的手，要给他们更多的鼓励、宽容、机会，允许失败、闯祸、犯错。让他们在错误中去总结教训，不断改正、提高。或许正是经历了这些小淘气的成长过程，才真正让我们有机会磨炼自己的耐心，感受到教育的力量和成功。

我的心绪又回到了满是纸飞机的操场，一架架小飞机飞向天空，都满载着孩子们的梦想，但是有的飞得高高的，远远的，有的没头没脑的栽了下来，虽然这些纸飞机没有什么怨言，但是我们可以帮助他们飞得更高、更远……

亲爱的孩子，六年了，今天你们已经成长为少年，你们已经走进了更广阔的世界，畅游书海，走访名胜，走出国门，探寻文化……成长的足迹中，沐浴着阳光，回荡着笑声，经历着困难，挥洒着汗水。你们就像是一个个风筝，越飞越高，和蓝天越来越近，离我们越来越远。不管你们飞到哪里，总有一双眼睛，在深情地凝望，总有一颗心，在默默地祝福……

兴趣是个好老师

浩浩，可聪明的孩子呢！早听说浩浩的早慧，学前就能看报读书，而且有一天居然根据老师教的10加上60是70，自己琢磨着跟他妈妈说："10加60是70，那600加上100就应该是700，6000加上1000就是7000，是吗？"当时我们都很惊讶，这小脑袋瓜会推理呢，这个他妈妈可没有教给他呀！

就是这样的一个男孩子，调皮起来可也是翻天覆地，说话口无遮拦的，有一次看到学校的两个身材胖的老师在聊天，他上来就是一句，"两个大胖子，有说有笑的。"原来是他在幼儿园学了个词语："有说有笑"这不，用在了这里。哈哈，真是让人哭笑不得。哎，童言无忌呀。

别看他聪明，却非常调皮，一次自己从水池边上往下跳没有站稳，脸先着地，半边脸都摔肿了，愣愣的，却没有哭，倒是她妈妈看到了，吓得搂在怀里哇哇大哭。

就是这样调皮的孩子，一旦有本书在手里，就会定睛看上大半天，经常会被书里面的情节逗得嘎嘎地笑个不停，若要问他笑啥，那是听不见的，只是自顾自地看。酷爱游戏，一旦进入休想让他离开。

可是他妈妈却说浩浩胆小，晚上睡觉必须捏着妈妈的耳朵才能入睡，除了妈妈，别的人休想碰到他的手，更别说牵着他的手了。

浩浩要上学了，跟着班车回她妈妈那里，班车上有好几个小朋友，人多了，小男孩难免兴奋，又喊又叫的，司机师傅便开始数落起了浩浩，其实调皮的孩子一样有很强的自尊心，说多了，便对班车产生了抵触的情绪。说什么也不愿意坐了。这可怎么办呢？于是她妈妈便把这个送孩子到本校的任务交给了我。回想刚见到这个孩子的情景，我和她妈妈是“铁哥们”，自然见到孩子便觉得很亲，上前逗逗小家伙，没想到他上来就给我一拳头。是个愣头青，之后同事们聊起来，便听说他怎么怎么调皮，他能跟我吗？第一天，我带着我的学生们放学，刚走到大门口，一双热乎乎的小手，便紧紧地攥住我，原来是浩浩，“班车已经走了，我只能跟你走。”孩子很狡黠，为自己找了这样一个借口，很奇怪，今天这孩子自己主动来牵手了，还拉得紧紧地，一路上一刻都不放松，这就是孩子的依赖了，他们对陌生的环境、陌生的人充满着天生的戒备，只有他们信赖的人，才可以把自己的手交付。我心里有一种成就感，真的跟我在前篇文里所感受到的那样，牵着孩子的手，是一份责任，更是一份被信任着的幸福。其实牵着他的手，更想走进他的内心，没有想到孩子的心是那么丰富，那么纯净，那么天真，在他们的眼里跟我们看到的天空不一样。

让我们一起走进那个曾经不让别人碰他的手的小男孩，他的博客——梦比优斯奥特曼05的博客。里面是浩浩上学以来，经历的事情，由他妈妈来记录。走进孩子们的心里，或许能给我们更多的启发。

附上浩浩的作文：

《我吃螃蟹了》

今天早上，妈妈蒸了两个大螃蟹。妈妈问我吃不吃，我说：“你知道我是从来不吃螃蟹的。”妈妈说:“你不吃怎么知道自己不爱吃呢?”我还是摇头。

妈妈扒开了一个大螃蟹,还教给我怎样区别雌雄。我看见妈妈用螃蟹夹子来掏螃蟹肉吃,于是大声说:“妈妈,你是野人啦!”妈妈一愣,问我:“我怎么成野人了?”我笑着说:“野人都是用器具吃饭,你这样就等于是野人吃饭啊!”妈妈听了,哈哈大笑。

我看妈妈吃螃蟹津津有味,于是,我也忍不住要试一试。我拿过另一只螃蟹,想像妈妈一样把壳揭开,可是一下子还没能打开呢。妈妈又教给我个小窍门,一下子就把螃蟹壳揭开了。我问妈妈:“螃蟹壳那么硬,里边的肉怎么那么软呢?为什么不把壳长在里边呢?”妈妈又笑了,说:“硬壳长在外边是为了保护自己呀。”我又说:“翼龙的嘴巴这么尖都能拍碎螃蟹壳,那留着螃蟹壳干什么?”妈妈说:“如果不长壳的话那不就死的更快了?”我也笑了。

这时,妈妈又剥出了一块大螃蟹肉,我凑上去说:“给我尝尝!”妈妈大吃一惊,连忙说:“好好好。”说着,就把肉放到我的嘴里,我一吃,感觉还真好吃呢,肉那么滑,那么嫩。我忍不住又吃了好几口。

原来螃蟹真的很好吃啊!

我们常常以我们的意念判断孩子们应该干什么,并用尽了强迫、唠叨、引诱的办法来达到我们的目的,但是往往事与愿违。可是这位妈妈,用了兴趣的好办法,你看,先是用判断雌雄来分散孩子的注意力,并机智地让孩子看看雌雄的样子不一样,不知道味道一不一样,然后自己吃得津津有味,似乎在尝试,这样的做法,很有效地吸引了孩子对螃蟹的注意力，有了想尝试的欲望，于是美味终于实现了诱惑的目的。孩子就是这样的单纯，兴趣就是一位奇妙的老师。

牵着孩子的手，一定要把美好的事物，用最美的方式让他们感受得到，同时也让我们自己高兴。

让语文的学习和四季牵手

春天来了，花红了！柳绿了！在一张A4的纸上设计上题目——“花开了，快来采集吧！”并在线面画上几盛开的小花，花心里是偏旁，花瓣由孩子们来把自己积累的带有这个偏旁的字填上。再提要求：①请你选一个字，组成词语，再用这个词写一句话；②边听一首儿歌，用上其中一组子，把那个配上一幅画。就这么个作业，一人一张纸，发了下去，但是没有想到的是一年四季的更替伴随着孩子们的成长，让语文的学习真正走进孩子们的生活，就得让我们的语文和大自然牵手，因为孩子们的心和大自然贴得最近。结合我们的语文教学活动，让生活走进语文课堂，和提高学生的语文素养之子课题——低年级识字教学的策略，让孩子们的语文学习和大自然牵手，让孩子们对汉字的学习充满了兴趣和想象。

我们二年级的语文老师一起商量着把汉字的积累和四季相联系，孩子是和大自然最亲近的，在孩子们的心里，在孩子们的笔下，一幅幅大自然的画卷是那么丰富多彩，那么令人遐想。

这是小袁的作业，这可是个调皮的小家伙，他把有五个独体字设计成的小花朵，都填上了不同的汉字，书写工整、美观。还涂上了五种鲜艳的颜色，组成了一个大花园，花丛中飞来了小蝴蝶，几棵大树作为背景，小鸟在枝头歌唱，火红的太阳照着大地，太阳公公的脸笑开了花，头上的墨镜，显得十分调皮。下面是他的造句：雨过天晴，天上出现了一道彩虹。最耐人寻味的还是后面的那一段话：天上的虹是七彩的，我国的国旗上有五颗星，雨过天晴才能见到彩虹，但是五星红旗永远在我心中！我仔细读着，不免为孩子的情感所打动，简单的几句话，我们看到了一颗稚嫩的纯净的爱国心——那面五星红旗才是心中最美的永恒的彩虹！孩子的心最美，情感最真，但是表达的语言还没有更详尽，更具体，甚至不通顺，还需要我们进行引导，让他们用最美的语言来表达自己丰富的内心！

这是小轩的作业，你看字迹工整、美观，孩子把每一朵花都仔细地描上了五彩的颜色，就像他的书写一样，每一个字，每一个笔画，都仔仔细细地写。这孩子的一丝不苟，的确是让人敬佩。你看她写的句子：组词是蜻蜓，句子是一只红蜻蜓在水面上快乐地飞来飞去。在句子的后面飞来另外一只漂亮的绿蜻蜓，同样是线条规整，描画清晰，颜色绝不会描到线条的外面去。一幅荷塘图更是线条清晰，色彩艳丽：盛开的荷花饱满，露出水面的荷花，亭亭玉立，翠绿的荷叶在水中摇摆着，一黄一红两条金鱼在水里摆尾，吐泡泡。孩子的句子是“小金鱼，吐泡泡，瞪着一对大眼睛，身穿一身大红袍，尾巴一摆又一摇。”图文并茂，我不由得赞叹属于孩子的想象。让语文和大自然牵手，就让我们看进了孩子的心灵世界，那里有美丽的花园，有生动的池塘，那些平常的事物在孩子的笔下充满了生命力。

让我们借着大自然和语文的牵手，真正地走进孩子的内心，感受更多的美，激发热爱自然和生活的情怀；也借着语文和大自然的牵手，让更美的语言来表达他们内心的感受！这些作业我将永久保留着，见证大自然和语文牵手的奇妙成长。

您要和老师多沟通

“老师，小雨经常买很多小铺里的零食和文具，一买就很多……”这不，爱告状的小朋友又说到了小雨。我照常理给小雨的妈妈发了飞信，她妈妈总是说。“好的，我问问”便没了下文。我还一直纳闷，这妈妈很宠孩子，对老师反应的事这么冷淡。

之后总听说小雨还是买很多东西。突然一天她妈妈来短信，“老师，今天在孩子的书包里发现了137元钱，她说是小雪放到她的书包里保管的。您快查一查。”我就赶紧问小雪，这个小女孩也是一个古灵精怪的小家伙。可这次她认真的表情，确定那钱不是她的。我这就叫来了小雨，为了不伤孩子们的自尊心，不好的事情，总是把他们叫到教室外面说，老师的坦诚、关爱，这些聪明的孩子是能立刻感觉到的。没有费周折，她就告诉我那钱实际是她拿姥姥的。我先问了孩子，“你的钱一般是哪里来的？”“都是妈妈给的，她怕我偷，就给我钱。”我觉得有必要跟她妈妈联系了，问问孩子的想法以及妈妈的想法。晚上通了电话，我不解地问：“您通过给钱能杜绝孩子偷钱的问题吗？”没有想到的是那边传来几近哭泣、颤抖的声音，“没有，我们家并不十分富裕。目前还在租房子住……而且我和她爸爸还是……”声音哽咽着说不下去，我一下子明白了，她说的意思，原来小雨的爸妈已经离异，孩子跟着她妈妈，没有自己的房子，还要租房子住，哪来的钱给孩子去挥霍呢？但是为了孩子不受到打击，不受苦，她一直隐瞒着，这些苦她都一人扛着，说道“没想到，自己这么苦，孩子还没有教育好……”便泣不成声，“本来想自己就解决了，不想麻烦老师，也不是什么好事，可是……”

原来当初家长的冷淡，就是想自己独立承担啊！

我听了心里酸酸的：“小雨妈妈别难受了，应该让孩子知道您的苦，让她从小有责任帮助妈妈承担这个家，另外，您要和老师多沟通，争取老师的帮助，第一时间了解孩子在学校的事情，自己教育起来就有力度。另外您可以把老师当成朋友。”听了这话，她妈妈说：“老师您这样说，我觉得心里放松了许多。看来，要经常和老师联系。”电话那边语气已经松缓了许多，妈妈的要强，也许就是孩子总想掩饰自己自卑、虚荣的原因。我又不失时机地根据这件事，对孩子们进行了金钱观的教育，推荐了几本有关少年理财的书籍。

不知道我的一番话能否真的给这位母亲带来宽慰，我知道我不是圣人，不是救世主，我自己同样渺小、脆弱。只是内心有着强烈的欲望，想去帮助她，小雨妈妈压抑不住的哭泣让我知道她内心的挣扎，那份难以诉说的痛苦。我想，做教师的工作是这样平凡，这样单调。但我们可以因为这些经历，因为跟孩子有了这样的交流，我们的内心也会多一份情感，能在别人的心里播撒一点阳光，总比冷漠淡然要让人感到温暖。

通过这件事，我更深地体会到，教师和家长本来就有一个共同的目标，那就是让孩子们健康快乐地成长，家庭和学校必须形成合力才能给孩子的成长提供更健康、更广阔的空间。作为家长也要和老师多沟通。

……

后续：看到小雨眼周围的湿疹，我给了她一盒专治皮肤的药膏，很好用的蛇脂，孩子高兴的拿着药蹦蹦跳跳地跑了，晚上就收到了她妈妈的短信："老师，我看到您把家里的药膏让小雨带回来了，谢谢您的细心！她从小有湿疹，您给的药膏我们会好好用的。再次感谢。"这之后，我看到的更多的是孩子的笑脸。

元旦联欢会，小雨唱了一首《春雨蒙蒙地下》，嗓音很纯净，微笑甜美，两个女生为她伴舞。

到了期末，小雨学习成绩名列前茅，我找来几个小孩来做家长会的发言，她也是其中之一。你看她，面含笑容，落落大方，介绍自己是怎样克服困难，在学习上取得进步的。她妈妈坐在下面，消瘦的脸上露出的是自信和宽慰的微笑。

备注：本篇于2014年10月发表在《父母课堂》第10期当中。

牵手花蕾——婷慧变了

德兰修女曾经说过："没有人是生来伟大的，但是伟大的爱能造就平凡的事。"这句朴实而又深邃的真谛在默默无闻的耕耘者身上散发出无穷魅力，经历了近三十年的教育生涯，愈发感觉这句话的丰满可信。教师便是这么一个由平凡之中见伟大精神的人，没有豪言壮语，更没有惊天之举，有的只是面对繁杂、琐碎工作默默工作的平常心。爱如甘霖，轻轻地无声地撒播在田间……

老师是这样的平凡，点滴的小事，天长日久，周而复始。其实，学校无小事，处处是教育，因此，多年的教育经历使我深深地懂得：光有严还不行，还要有慈母般的爱，否则学生对老师就会敬而远之，尤其在学生有困难的时候，要付之真情、给予母爱，守护风雨中的花蕾。

婷慧，是我教过的学生中并不多见的女孩，她的父母离异了，她是我们班唯一的一个特困生。家庭收入也是有一天无一天的，虽然如此，但当学校进行慰问帮助时，婷慧总是不愿提及这些。在取得家长的同意后，我从不在班级里提起此事，每次举行活动都是悄悄地把她叫到一边通知。这些细微的工作看上去很普通，但它温暖了家长的心，也温暖了婷慧的心，也使家长和老师成为朋友。婷慧和妈妈、姥姥住在一起，妈妈一直愧疚没能给她一个完整的幸福家庭。结果，多年的溺爱不仅没有使她养成好的学习习惯，也从不知对家人关心照顾。我找来中国古代孝敬父母的书籍故事，请她来担任"三八妇女节"的队会主持人。渐渐地，婷慧在组织、策划、编排的过程中领悟出我的一番心意，她主动找我谈话：“李老师，我知道你为什么这次让我当主持人了，我平日对妈妈太不尊重了。以后一定改！”就这样，一个从来没做过饭，只会让妈妈干这干那的孩子，在“三八节”那天，为了能让妈妈过一个愉快的节日，5点多钟就起床了……当时激动的我上前亲了她一下，说：“你的妈妈吃了这顿难忘的早餐，能年轻好几岁呢！”

她的家长由于书念得少，对教育孩子感觉无从下手，我的电话回访就成了每周的必修课，电话里没有对家长的斥责，而是推心置腹讲解怎样教育孩子。家长对她要求很严格，每次有一点错题就大声训斥，家长越生气孩子越不会。针对这种情况，我同家长谈，首先要树立孩子的自信心，要多鼓励她，要改变方式，说话要温柔些，再者要正视她的错误，找出错因对症下药，不要给孩子出些多余的练习题，增加压力。同时也造成逆反心理。几次谈话后，孩子情况有了转变，家长欣喜地把这个消息告诉了我，其实我早就注意到了，也对家长的转变给予了评价，使家长和学校配合，收到很好的教育效果。

生活的不幸使婷慧孤独，自愧各方面不如他人。走路时常是低着头，会在课堂上不自主地发呆，很难看到她开怀的笑容。小小的年纪，就因为家庭的不幸，给本来应该快乐童真的童年蒙上了阴云，那时不时流露出的忧郁的眼神，看了让人心疼，于是，我经常与她聊天关心她，鼓励她参加各项活动，为她创造发展机会：语文课上，总是把最多的发言机会给她；综合实践课，又让她担任课代表一职……在老师的欣赏和激励中，慢慢地，婷慧变了，变得开朗了，愿意与人交往了，连笑容里都多了光彩，那光彩里面分明写着：

老师爱我！老师喜欢我！这孩子从此爱学习了，上课总能看到她专注的眼神，挺得笔直的胸脯……孩子们多天真多纯洁啊！他们总是能最单纯、最直接地表达自己的情感。

分层作业，能够更大程度上减轻学生的课业负担，并能各尽其能，对婷慧，我也专门给她制订计划，特别布置作业，逐步提高，日积月累，如果哪次小检测有进步，立即奖励，让她感受勤奋学习带来的成就感和快乐，鼓励她不断努力进取。有一次没有考好，我偷偷地把卷子掖给她，和她一起分析错误的原因，找到解决的办法。孩子是敏感的，有灵性的，她深知老师的一番善意，这给她很大的动力，之后的她对待学习态度更加认真，有时候一个眼神过去，便心领神会。给予孩子母亲般的温暖，做他们的良师益友，对于每一位教师来说，都是需要付出心血的，但是这也正是教师工作的意义吧，而对于孩子们的真情付出，他们是一定会给予回报的。守护花蕾，养育幼苗，看着他们开花、成长，是每一个园丁最大的幸福。

只与儿童春光行

又是一年春来到，今年的这个春天能留下些什么值得回忆的事情？

一天的工作即将结束，老师们在办公室里，有的交流着综合实践课该让孩子们做点什么？有的说着春天的餐桌应该添点什么？是啊！都说人应当顺应季节，顺时而为，春天正是吃野菜、包荠菜包子、包荠菜饺子的时候，筋筋道道的荠菜馅，一口咬下去，特别有嚼头，咀嚼中就不知不觉地品到野菜所散发出的独特的来自泥土的香气……当然野菜的品种远不止荠菜，还有娃娃菜，苦丁菜……

对，就让孩子们在春天的综合实践课上认野菜，摘荠菜，既能顺应时令，又能动手劳动，增长见识。我买来两大包荠菜，心里琢磨着怎么开展这节课呢？还是和孩子们一起商量吧！小王同学自告奋勇："我想做课件，让大家认识不同的野菜。"没想到的是，野菜原来种类繁多，有的是美味，有的还能入药，制作方法也简单易学。看着课件，孩子们已经按捺不住，急着要摘荠菜了。

按照小组，每个小组一小把，先试着摘，初步体验，结果孩子们就有了很多的新发现，有的发现荠菜的心儿是紫色的，有的发现荠菜开了花；有的发现了荠菜叶子上的小虫子，一下子引起了一片"骚动""惊吓"……但是大家都有一个共同的发现，那就是没有一棵荠菜是完全一样的，有的粗粗壮壮，有的瘦弱纤细，有的叶片硕大，有的开了花，叶片瘦小，有的深绿色，有的是紫色……只一种不起眼的野菜，就有如此多的变化，看来大自然给予生命的本真就是彰显迥异的个性，否则她又怎么能给我们呈现一个色彩斑斓、千姿百态的世界呢？和孩子们一起，真好！他们的好奇与发现，总能给我们带来很多思考和启发。

比赛正式开始了，孩子们干得热火朝天，看着他们一起愉快地合作真为他们高兴，摘枯叶的，收拾垃圾的，负责检查的……忙得不亦乐乎。没有几分钟，他们就把胜利果实整整齐齐地摆在桌子上，进行评比。而犯规又使领先的小组扣了分，反而落后于别人，孩子们真切地感受到了遵守规则的重要，从教训中懂得了道理，这样的记忆最深刻，是不用教的。我真正体会到了："做中学"，实践才是最好的老师。

"吹面不寒杨柳风"春天的脚步更近了，周五的作业就是"踏青挖野菜"我在黑板上写着，就感觉到了身后窃窃的喜悦。我说："我们上节课认识了野菜，摘了荠菜，周六周日再去挖野菜吧？"话音刚落，全班齐声叫好，我继续说："别忘了把你们踏青的照片，发到群里分享哦！"他们异口同声地说："那当然！李老师您就瞧好吧！"不用说，孩子们的心早已飞到了乡间、田野……

周六来了，那天阳光格外明媚，气温升高，空气清新，老天都善待这些孩子们，上午，群里就有很多摘野菜，爬山的照片，不管在哪里，都是专注的、喜悦的、陶醉的、骄傲的眼神，孩子们是真正属于大自然的，画面中，爸爸妈妈们更是忙得不亦乐乎，原来和孩子们在一起，就不知不觉地变成了孩子，就又回到了童年。

碰巧了，摘完野菜的第二天就是春分，上网一查，原来有春分竖蛋的传说——中国素来有春分立蛋的传统，在古老的传说中，春分这天最容易把鸡蛋立起来。天文学家介绍说，据史料记载，春分立蛋的传统起源于4000年前的中国，以庆祝春天的到来。

为什么要在春分这一天竖鸡蛋呢？

据说，这一天最容易把鸡蛋竖起来，其中还有一些科学道理。据专家介绍，春分是南北半球昼夜均等的日子，呈66.5°倾斜的地轴与地球绕太阳公转的轨道平面刚好处于一种力的相对平衡状态，很有利于竖蛋。

其次，春分正值春季的中间，不冷不热，花红草绿，人心舒畅，思维敏捷，动作利索，也易于竖蛋成功。一年之计在于春，春天就是人们寄托希望的季节，不管岁月怎样的轮回，春天总是新的开始。

对啊！让孩子们在家里竖蛋吧，我通过微信群发布了："许个愿，竖起蛋"。又有好多孩子发来了竖蛋的照片，鸡蛋被竖起来了，小主人公在鸡蛋后面，美好的愿望早已经融化在充满期待的笑容里。孩子！不用说，在春天许下的愿望一定能够实现的！

"春分竖蛋"，这真是意外的收获！我也拍了自己竖蛋的照片，第一次竖蛋成功了！这真是一个好兆头呢！

我们感受春天的美好，感受自然的馈赠，并期待美丽的春天给我们美好的开端，我们给予春天那么多的期待，竖蛋许愿，郊游踏青，要去做这做那，我们忙得不亦乐乎，可是春天也需要赞美呀，需要我们付出辛勤，用心聆听，用心感受，用心赞美。

第二天是周一，三月二十一日，恰巧又是世界诗歌日，对啊！和孩子们一起用诗歌赞美春天，感谢大自然春的馈赠！

和孩子们一起，就是有这么多的"巧"，这么多的幸运！

春天的诗歌走进我们心里来了，我准备了一首林徽因的《你是人间的四月天》，“孩子们，李老师朗诵这首诗赞美春天，也送给如春天一般的你们！”伴随着轻柔的乐曲，我动情地朗诵着：

“你是人间的四月天（这真是对春天、对儿童最美的赞颂）

我说 你是人间的四月天；

笑声点亮了四面风；

轻灵在春的光艳中交舞着变。

你是四月早天里的云烟，

黄昏吹着风的软，

星星在无意中闪，

细雨点洒在花前。

……

你是爱，是暖，是希望，

你是人间的四月天！”

接着我让几个小朋友也来朗诵。

可能孩子们还不能真正地走进诗歌的意境中，毕竟他们没有经历，没有那么多的文学积淀，但是我发现，诗歌的语言就是这样的神奇，优美的韵律，悠远的想象，明亮的色彩，分明就是一泓清泉，一丝春柳，一阵春风，诗句中流淌着芬芳的音韵，足以让人痴迷。尤其孩子们读出来，带着青涩，带着疑惑，似乎更有初春的韵味，一切都刚刚开始，春的萌动虽然跃跃欲试，却蕴藏着未知，蕴藏着稚嫩，和孩子们一起读诗，就是这样别有一番滋味啊！

诗歌是人心灵深处开放的花朵，用诗歌赞美春天，是最美的、最深的、最久远的表达，古诗中，有多少赞叹春天的语句啊！孩子们动手找出来，古诗中展现了另一番春的天地：五彩缤纷的春天，碧玉装成的绿柳，鸣唱的黄鹂，高飞的白鹭，碧蓝的天空……一场盼望已久的春夜喜雨，给人们带来多少惊喜？纵然春光美妙，但是离别情愁却难以释怀：“劝君更尽一杯酒，西出阳关无故人”，绿树红花，难掩离别的孤独；“孤帆远影碧空尽，唯见长江天际流”，烟花三月，难解故人辞别的感伤。孩子们又一次在诗情画意中感受春天的美好，感受人间真情。

难怪冰心奶奶说：“寻觅春天，要只拣儿童多处行。”在冰心奶奶的心中儿童充满生机活力，他们就是春天，而能够和孩子们一起感受春天，走进春天，赞美春天，收获的不仅仅是绚烂的花朵，更多的是原以为早就失去的童真童趣，和孩子们一起学习成长的充实快乐……本来是想让孩子们感悟春天的，没想到自己感受到了不一样的春。所以，我说“只与儿童春光行”，我们的心底里也会流淌出“喷花的飞泉”。

备注：本篇于2016年5月发表在《快读》总第65期当中。

和岁月的牵手——皱纹是岁月磨出的心茧

曾经教过北师大版的教材其中的一篇《一双手》，那文章里记叙了一位大兴安岭的护林工人他那一双手，在几十年的栽树岁月里，那手已不是我们所能想象的手，“这双手皮肤呈木色，纹络又深又粗，一道道黑土色。很明显，为了这次见面、握手，他事先用肥皂把这双手认真地洗过了。”

“掌面鼓皮样硬，老茧布满每个角落。手指特别粗大肥圆，一只手指像一根三节老甘蔗。”

“左手大拇指没有指甲，长过指甲的地方，刻着四条裂纹，形成上下两个‘人’字形，又黑又深。手指各个关节都缠着线，线染成了泥色。这样的一双手才能栽树26万多棵。仅1981年至1985年就造林33垧，改造迹地林和次生林44.5垧，这双手生产木材1300立方米，枝丫3500层积立方米。”

那厚厚的老茧，就像是一层坚实的保护层，经受住粗糙的树皮，坚硬的枝杈，瓦砾泥土的磨砺……才能够洒下片片绿色。但是这双手确实着实的难看。

四十岁了，看着眼角一天天加深的皱纹，平添几分感慨，几分无奈，但是奇怪的是心灵却能平静许多，很多的事，已经不再往自己身上联想，已经能不用人家的错误来惩罚自己。保持一颗宁静的心，更多地给予亲人快乐。又多出的那一道皱纹，似乎在说：再淡定一些，没有什么。一切都会过去。似乎又在说：午后的太阳，很快就会变成夕阳的余晖，珍惜时间，让每一天都快乐吧。

皱纹就是衰老的象征，说皱纹好看那一定是瞎编。但是您没觉得，那多出的一道皱纹，不就像岁月在心上磨出的茧子？她会让我们更从容地面对突来的委屈、猜测、嫉妒、压力，有了这层茧，抵御的是对心灵的侵犯，就有了更多的空间去包容周围的人和周围的事情。面对皱纹，心里有了紧迫感，想着做更多有意义的事情，想着读更多的书，让心灵更加充盈，既然相貌在皱纹中不断衰老，那就让心灵走在阅读、学习的路途上，读更多的书，写更多的感悟和感动，在那里感受生命的重生、成长和丰厚。如果能这样，衰老又有什么可怕？就从容地走在路上吧，伴随心灵成长的点滴积累，让心永远活在青春里。

这么想着，岁月带给我们的是阳光，是雨露……就不再害怕越来越多的、越来越深的皱纹了。

寻生的鱼

人到了中年，经历了诸多的挫折，家庭的变故，人事的变迁，已经觉得自己心生老茧，在焦虑和纠结中把孩子送到了高中，深呼一口气：身上的包袱终于轻下来了。

然而因为长时疏于对父母的照顾，原本健康硬朗的父母突然身患病症，在家庭与医院之间的来回奔波又将我带回到过去繁忙紧张的生活节奏中。而且心里又突生内疚自责，真的好累啊，不觉心中迷茫，不觉牢骚满腹，什么时候是个头啊，莫名的迷茫、烦躁。甚至为了不痛，会不由自主地走近混日子的时光里……

那日在美容院，坐在客厅沙发上，茶几上放着一个透明的玻璃鱼缸，里面一根葱绿的水草，孤零零，百无聊赖的飘摇着，只见一只红鲤鱼左顾右盼地游着，再普通不过的鱼缸，这时店长来了，热情地招呼起来，见我正看着鱼缸，她兴致勃勃地说："姐，您注意到了吗？鱼缸里面的那条小灰鱼？"我定睛看，果然有一条小鱼，可能是因为小的缘故，通体看上去像是灰色。"您看，它总是朝着一个方向，不停地游。您知道是什么原因吗？"真的！它快速急忙忙地摆动着尾巴，更确切地说是抖动，急促的抖动，向前赶，感觉在眼前晃晃的，就那么一圈一圈顺时针地游着，义无反顾，这是为什么？原来，它和它的伙伴们是买来做那条红鲤鱼的食物的，那些游的慢的、停顿的都被消灭了，只有它，这条小小的灰鱼，因为不停地游，不停地抖，不停地晃，大鱼要吃它，是要费一番周折的，也就懒得去管它了，就这样不停地游，不知不觉地就长大了，那大鱼也就真的无从下口。小灰鱼就留了下来，成为我们今天看到的这样，不停歇地向前游。我心里一阵感动，又仔仔细细地看了它大半天，设想一下，假使没有鱼缸壁的阻拦，它这样不停歇地游，早就不知道游得有多远了，游进江河，汇入海……尽管目前只能囿于这小小的鱼缸，但这不停息却也改变了本身背负的厄运！只要心有目标，不停地努力，总会改变点什么，甚而在这过程中创造出奇迹。让看似最枯燥的重复，绽放美丽的火花。

总看到我们单位的负责清洁的师傅，打扫卫生丝毫不懈怠，每天大家都下班后，他总是在走廊里撒上消毒水，然后依次拖出闪亮的地面。然后用滚烫的开水，洁净自己的毛巾，再把抹布依次消毒。这样日复一日的打扫，我总是看到他脸上洋溢着笑容，动作从容。有一天，我不禁感慨："师傅，换了那么多清洁工，您是最认真的！"他笑了，聊起家常："我很早就内退了，一直在家里，我的亲戚很多在国外，我也很想去走走亲戚，看看外面的世界，于是我又找到这份工作，干满五年，就用我做清洁工的所有收入，领着我老伴和孙女去欧洲。"一边说着，一边又卖力地干了起来，依旧带着笑容，不过这次的笑容多了些期待——这一天很快就会来的。

其实就是这么简单的愿望，使枯燥的工作变得愉快，因为努力去做，就会向目标迈进，他在劳作中，眼前一定经常呈现的就是那即将到来的美好画面吧。

或许那条小鱼，就是怀揣着远方才不停地奔跑，以致能够摆脱眼前的厄运，就像清洁师傅，他满怀着梦想，才能愉快而简单的做好眼前的事情，没有抱怨，没有辛苦，因为让梦想照进现实，就只能让时间积淀在踏踏实实的劳作中。

我明白了我应该做什么，做些自己喜欢做的颐养性情的事情，让生活更有趣，让自己最后的职业生涯不在虚度中叹息。美国的摩西奶奶坚持在做自己喜欢的绘画，并在八十岁时把绘画推向顶峰，我才中年，一切都不晚。她说："人生永远没有太晚的开始。"心怀远山，脚踏实地，一步步，不抱怨，不哀叹，永不停歇。

备注：本篇于2015年10月发表在《快读》总第58期当中。

喜　鹊

总结大会一开完，忙碌的一学期就结束了。终于可以松口气了！校园里，碰上了几个同事，大家结伴而行，逛街，回家……我不由得来到小操场，这里从我刚刚工作时的土渣跑道，已经变成了红红的鲜亮的塑胶跑道。今天迎着冬日少有的阳光，清凉的微风，踩在脚下的跑道是这样的柔软、亲切，她真的像一位亲人，静静地陪伴着我，我一圈一圈地走，只有那些横杆，只有角落里的足球，他们向我诉说这里曾经发生的故事，曾经有过的喧闹，曾经有过的热烈……啊！放假了，真的放假了，没有学生要去管理，没有考试要去操心，原来宁静的日子可以这样去享受！这里，虽然安详，静谧，放松，但是却仿佛缺少了什么。

两只好大的喜鹊，喳喳叫着从我头顶飞到了操场边马路上的梧桐树上，一高一低，静立在枝头，他们在朝着下面叫着，似乎呼朋唤友，循声而去，操场这边的树上又飞来一只，紧接着一只两只……陆陆续续飞来五只喜鹊，互相叫着聊着，突然一只很无趣，转身飞走，那几只也随之而去，真像一群调皮的孩子。操场在这“叽叽喳喳”中，也不再沉寂，我不由得想起很多关于喜鹊的故事。

那年放学，经过五中门口，高高的梧桐树上，两只喜鹊高声叫骂起来，你一句，我一句，激烈的鸟语，正在不可开交之时，另一只喜鹊不知道从哪里飞来，上来就拽住其中的一只的尾巴，一边拽一边叫，开始被拽的还很恋战，后来也觉无趣，便气哼哼飞走了，我看得入了迷，他们在吵些什么？那两只喜鹊为什么吵架？是什么关系？可爱的精灵，他们带给我们无尽的想象，但是不管怎么想，也都脱不了人群那点事儿。好在，我们还能在这人来人往的大街上，看到这么生动的鸟儿们的生活场景，只有孩子才能这么纯粹地挥洒自己的情感。

没过多久，又看到关于喜鹊的报道：一只喜鹊，为了保护她鸟巢里的孩子，勇斗入侵的长蛇。那股勇猛顽强的劲头，直至逼退凶悍的长蛇，这的确让人心生敬佩。那张照片上的情景至今历历在目，喜鹊挓挲着翅膀，每一根羽毛都想要去拼命，一副不击退敌人誓不罢休的架势，长蛇嘴里吐出信子，阴森森的眼神里已经没有了杀气，仿佛准备开始退缩，开始颓败。反复看着这则报道，心中不由得敬佩起这小小的鸟儿。

喜鹊登梅素来是中国传统吉祥图案之一，梅花是春天的使者，喜鹊是好运与福气的象征。传说七夕这天，人间所有的喜鹊会飞上天河，搭起一条鹊桥让牛郎和织女相见。因此喜鹊登梅寓意吉祥、喜庆、好运的到来。但是那毕竟是传说，传说总是美好的。

那年孩子中考，等着成绩的前一天，还盼望着焦灼着，第二天清早，还没有起床，就听见凉台传来喜鹊的叫声，那叫声好近啊！就像是在耳边，老头赶到凉台，神秘地向我招手，“快来！快来！”我急忙赶过去，一只大喜鹊，在我家凉台的晾衣竿上左边啄啄，又跳到右边啄，一边啄一边叫，晾衣竿被震得咣咣响。待我们凑过去仔细打量，忽地，它又飞走了。我正纳闷，老头说：“是不是孩子考得好，来报喜的？”我一听，对呀，今天公布成绩呢！赶紧叫起孩子打开电脑，巴望着喜讯的到来……终于出成绩了，哇！考得确实好，成绩远远出乎我们的意料！于是，我把刚才的那一幕告诉了孩子。我们顿时也变成了三只喜鹊！看来喜鹊真的能报喜啊！这是大喜啊！孩子们和家长们经历紧张的学习和内心的挣扎，终于能上比较理想的学校，还有什么能比得上这个高兴呢！

看得多了，听得多了，又加上亲身的经历，真的就把喜鹊当成了报喜鸟，这心下里，总是期盼多看到喜鹊的身影，总是觉得它们叽叽喳喳的，叫声也欢快，好像从来不知道发愁似的。

其实，喜鹊还是聪明狡猾的鸟呢！有次，我同事买来肉馅，要包混沌，怕坏了，就拴在了窗外，下班时，发现肉馅不见了，四处寻找，在楼下的小花园里看到了肉馅的痕迹，是谁干的？楼下的同事说，好像听见好几只喜鹊在窗外叫来着，原来，是它们。喜鹊把拴肉的袋子啄断了，肉掉到地上，它们就来啄食，还呼朋唤友的，能不热闹吗？哎，真让人哭笑不得啊！

今年的期末，正待复习紧张之时，雾霾严重，孩子们都在教室里，也不能出门，真的好闷啊！憋坏了这帮小家伙了！我正讲的起劲呢，几个孩子神秘兮兮地看着窗外，什么情况？几个小调皮蛋冲我指指窗外：“老师，有只大喜鹊……”我顺着他们的手指望去，果然一只喜鹊站在走廊外的栏杆上，正冲着我们的教室，我心里一喜：“有没有带手机的？拍下来。”正说着，一个男孩从走廊跑过去，把喜鹊吓跑了。“孩子们，喜鹊可是报喜鸟，只要大家勤奋学习，一定能取得好成绩！”我又把自己的经历的喜鹊的故事讲给孩子们听，听得一个个小眼睛都有了光彩！

又是一阵“叽叽喳喳”的叫声，把我的思绪拉回了寂寞的操场，那几只喜鹊又飞回来了，向他们的巢穴飞去，大操场上的梧桐树已经有好几个喜鹊窝了，不管是严寒还是酷暑，他们总是忙忙碌碌地生活，叽叽喳喳地报喜，有时不免犯点小错儿，但依旧是我们的最爱。看着听着，真的又特别想念孩子们了。他们总是喜欢自由自在，他们很努力，也很愿意报喜，喜欢听赞美，叽叽喳喳的闹个不停，说个不停。他们爱叫，爱笑，喜欢奔跑。虽然有时犯点小错误，但依旧是我们心中的最爱，依旧是我们的希望，依旧是我们最想见到的人。想到这里，我知道这空旷的操场缺了什么，缺了孩子们的笑声，缺了孩子们的奔跑和响彻云霄的喧闹。这些可爱的孩子们难道不就是一只只喜鹊吗？他们有着自己的世界，就像那几只掐架的喜鹊，到底有着什么样的原因，只有他们自己知道，我们又何必用我们的思想去猜测，甚而去干预？我们只默默地陪伴，静静地倾听就好。他们在这里成长，在这里起飞，飞向更辽阔的天空，去建筑自己的巢穴，一批批，一代代……我多幸运啊！能够在这里守候他们的成长，见证他们的起飞。我决定了，以后一定包容他们的失误，再见到孩子们，我一定就像见到报喜的喜鹊一样，满心欢喜，充满期待，舒展笑容，因为他们才是传递快乐的天使！他们才是真正的报喜鸟，不信你看吧，将来，他们一定会飞回来，叽叽喳喳地报告他们成长的好消息……

备注：本篇于2016年1月发表在《快读》总第61期当中。

多肉的启示

那是一年的教师节，走廊里，忽然出现了一溜小花盆，白色的小花盆，有方的，有圆的，还有椭圆的，小巧玲珑，形态各异的花盆连成片，顿时感觉走廊里都充满了灵动。走近了，更加让人惊喜：小小地盆栽着许多小植物，肉肉的叶子，有的甚至滚圆滚圆的，憨憨的好可爱啊！颜色有红，有紫，有红绿相间的，还有镶着红边的，仔细看每一株的形状颜色各有特色，形状迥异，有的团在一起，就像是一团团花簇，有的叶片一片连着一片，长长的连在一起。没有完全相同的两株植物，每片叶子大小形状颜色都不一样。不由得人不喜欢。这是什么植物呀？

"这是多肉植物，有很多很好听的名字呢！据说还能净化空气……"老师们聚拢来，七嘴八舌地议论着，每个人脸上都洋溢着喜爱的笑容。原来学校把这一盆盆多肉植物作为教师节的礼物啊！我精心挑选了两盆，只见一盆圆盆里的一株亭亭玉立的植株，叶片细长，细长之中带着柔润，绝不是尖尖的细细的那种叶片。和圆圆的白色的陶盆相呼应，越发觉得苗条纤细，又不失柔润丰腴。

另一盆，是方形的花盆，内里乍看分明是一朵莲花卧在方盆儿中间，叶片的底座宽宽的，圆圆的，最后向上凝聚成尖尖的一点，由粉绿的一团凝结成血红欲流的针尖，让人看着，数着，欲罢不能。两盆小小的多肉已经深深地迷住了我。上网查询，原来多肉品种繁多，名字多和形状相联，明目繁盛，圆盆里面的那株有个好听的名字：秋丽，多美好的名字啊！如秋般，明丽丰润。方盆里的那株，顾名思义，叫绿黛莲。

这些植物虽不开花，但是叶片厚薄不同，形状各异，色彩缤纷，有的粉嫩，有的葱绿，有的炫目……美不胜收，又让人怜爱无比。最重要的是人人可养，株株可生。一时间，朋友圈里，尽是炫多肉的，人们为了表达喜爱，多称之“肉肉”。

喜爱之余，我也是经常侍弄我的“肉肉”，“肉肉”叶片厚，一定需要水分，可千万别渴着她呀！我天天浇水，感觉自己是这样热爱“肉肉”，心里期盼着他们茁壮成长，用不了多久，他们就会长得越来越肥壮，植株越来越高，叶子越来越肉，心里越想越美。可是没有过几天，叶子开始打蔫，更让人难过的是一片片叶子不断落下，事与愿违，这是怎么回事呢？请教了我们单位的多肉专家，原来就是浇水太多太勤惹的祸，根快泡烂了。拿到小花园晒太阳吧，传达室的师傅，干脆就说了：“人是惯坏的，花是浇死的。”话是糙了些，但是还真在理。

看看校园里，我们的孩子们，大多是独生子女，很多从小受到爸妈和老人的悉心照顾，小时怕摔着，天冷怕冻着，雨天怕淋着……到了幼儿园、小学又有老师的加倍呵护，孩子们习惯于被照顾，被呵护，说不得，斥不得。他们的身体得不到充分的锻炼，意志力得不到磨炼。一年四季，气候更迭，便有成片的孩子生病请假，遇到困难，遇到挫折，便难以承受。加之我们的生活水平快速提升，物质生活极大丰富，以为只要能给予孩子的，都尽量满足。就像那些多肉一样，其实它们的生长更需要阳光和风雨，不需要那么多的水分，而我们都怀揣着美好的希冀，不断给予孩子的物质享受，也许他们最需要的是精神上的磨砺，是更多地去实践，去体验，去经历风雨和挫折。我的学生在题目是《感谢》的作文中写了这样一个亲身经历的故事：他在国外的飞机场候机，看到一个外国小男孩，很小，想上沙发上坐着，他够不着，就求助于他爸爸，他爸爸只是摇头，跟他说不能帮他，求助无奈，小男孩就拖过行李箱，把行李箱放倒，最终从那上面爬了上去。

看着小男孩骄傲自在地坐在沙发上面，我的学生由衷地说，小男孩给了他启示：凡事要靠自己，学会独立解决问题，是多么重要。于是他感谢这个外国的小男孩。其实，我们的孩子和那些可爱的多肉一样，不需要我们过多的浇水施肥，他们更需要阳光和风雨，我们过多的帮助，过多的关注，就像浇水浇多了的多肉，容易烂根，反而没有了应有的活力和灵性。在溺爱中长大的孩子，不能在自主做事中感受自身成长带来的成功体验，慢慢地就失去了各方面成长的原动力。

在花园里晒了一段时间的多肉，果然又慢慢地恢复了生机，叶子不再掉落，渐渐地恢复了元气。我便又把它移到了窗台上。可是没有过几日，却发现叶子被掰下来两片，孤零零地横卧在花盆里，好不凄惨，我心爱的“肉肉”被不知道哪个淘气包给狠心地拽了下来，怎么能这么恶作剧！太气人了！好几天想起这件事来，我都会愤愤不平。也不知道过了多少日子，忽然发现掉下来的叶片根部又鼓出了新芽，两片叶子长出来的新苗居然形状还不一样，一棵是单株的，笔直地向上长，叶片很长很厚，长得是原来母体的样子，而另一棵是多发的，长了很多的叶子，簇拥在一起，叶子很短，挤成了圆形，已经没了原来的样子。虽说植株长不高，但是粉嘟嘟的小肉团挨挨挤挤的，也是别有一番情趣。渐渐地，看着两株形态各异的多肉，一个直直地向上心无旁骛，一个攒在一起其乐无穷，他们自得其乐，旺盛地生长着，彰显着多肉坚强的生命力，那一高一低，一胖一瘦的呼应似乎也在告诉着什么——或许你喜欢那株挺拔向上的，认为只有高耸才可以成才。或许你喜欢那个慵懒凑堆的，他们活得更喜庆，更接地气。不管怎样这都是生命本身的样子，看着想着，心中也就没了当初的怨怼，那个淘气包的小手，不经意间的好奇，居然促成了别样的风景，别样的惊喜。不由得感谢起那双调皮的小手来。调皮的孩子常常是很让我们头疼的，今儿个明儿个地总是惹事，但是我们不得不说，他们常常有创意，敢作为，细想起来，他们闯的祸，很多时候都是他们因着好奇，而去尝试体验的结果。那两株还在旺盛地生长的多肉不就告诉我们，千万别给调皮捣蛋的孩子早早地下结论：将来你一定会怎么样怎么样的糟糕！这些敢闯祸的孩子，将来或许在充满机遇和挑战的社会，不受禁锢，敢于创新，敢于突破，创出自己的一片天地，活成自己的样子。多少年后，给我们带来意外的惊喜和感叹的总是他们。

看着窗台上日益壮大的多肉队伍，真心感谢学校那年教师节的多肉礼物，是那次教师节开启了我的养多肉之旅。只要有土，他们便用力地生长，同样的品种，也不会雷同，同一盆里生长，也会各自忙碌，有的忙着长个头，有的忙着长芽，有的忙着蹦跳着脱离母体。每隔一段时间，它们都会给我们各样的惊喜。这难道不像极了我们校园里的那一群群孩子吗？

他们可不就是从不同的家庭分离出来的多肉啊！那各式各样美好的姓名，都寄托着父母长辈的心愿，或者讲述一段生命诞生的动人故事，就是这样的一批批孩子，描绘着校园里的一幅幅绚烂动人的画面，他们在这里成长，欢笑，沐浴阳光，也经历风雨，我们有幸一路陪伴他们的童年，又能为他们做些什么呢?

我会继续养多肉，会从中得到更多的启示，也会因着这些启示，而更加喜爱那些可爱的孩子。

备注：本篇于2016年发表在《快读》第11期当中。

心灵的牵手——清晨的守望

新来了一位校长——第一次见到她是快开学的雨后的一天，依旧腼腆的我，总是不习惯往领导旁边靠，不习惯主动打招呼，好像有一种天生的生分。我站在传达室，看见她的出现，本想她看不见我就这么过去了，可是一身黑衣的她，努力跳过眼前的小水坑，还是不忘和屋里的所有的人，传达师傅包括我热情地打招呼。仔细打量了她，白皙的皮肤，弯弯的月牙眼，透着和气友好，亮亮的镜片透出的是真诚的目光，期待中有关切。我心里一动，这么和气！一点架子都没有！不由得望着她远去的身影……

开学了，她站在校门口迎接每一位师生，依旧是那么亲切的笑脸，弯弯的眉毛，和过往的每一位老师和学生打招呼，以后每日的清晨她都如此站立在校门口……

拘谨的我，开始真有点不适应，好像怕看似的，觉得受到了监督。但是每一次的交谈，她都是问及孩子的情况，“今天孩子穿得有点少，变天了”“孩子长得真快，眼看快赶上你了。”“……”我总是客气的“是啊是啊”不知道再说点什么好，回头间，却总是见她关切的目送孩子走向长廊的尽头……

又是一天的早晨，眼看要迟到了，我穿的是那件我挺喜欢的白底细条纹的连衣裙，扎了一根绿色的细腰带，急匆匆地走进校园，哎，来这么晚，又让校长看见了，真是。难免心中有些许的惆怅。我挺爱打扮自己的，经常换衣服，会不会让校长觉得我太花哨，总之是见到校长，会有莫名其妙的压力。可是校长依旧笑语盈盈，“今天的装束很像老师，很职业，很有气质。”我开玩笑地说：“校长给发一套这样的衣服吧？”她笑笑，说道：“好啊，你再多穿几套看看……”没有想到，话还可以这样说啊，不愧是校长的智慧！顿时我心里的那点点小猜疑顿时烟消云散了。既然得到了校长的赞许，我就不再顾虑了，经常会把自己个打扮妥帖和漂亮。因为校长懂得欣赏！奇怪，从这以后，我开始巴望着在校门口看到校长，期待着她欣赏的目光，亲切的微笑……

夏日的清晨，雨来得很突然，幸好我的包里总是有把遮阳伞，雨越下越大，来到校门口，地上已经聚集了小水坑，不想，校长依然站立在雨中，我赶忙把伞递了过去，校长说什么也不接，我挺遗憾的，没有说什么就走进了教室，透过教室的窗户，看她还在雨中，手里没有伞，我赶忙叫了一位学生送伞过去，这次她接过了伞，撑了起来。我的心里才舒了一口气。

又到了严寒的冬日，新装的暖气管道总也不热，作为班主任的我，走进冷飕飕的教室，不禁心疼起孩子们来。还没等我向学校反映，第二天的清晨，暖气管道工人就来修理了，下午暖气便热了起来，看着孩子们的笑脸又开始红润，心里也觉得暖了起来。这件事情就过去了。不想，第二天的清晨，校长依旧在寒风中站立，白皙的面颊已经冻得通红，依旧带着她的笑容：“你们班的暖气热了吧？”我连忙说道：“是啊，暖气热了，很暖和呢！”我正自纳闷，我还没有反映，校长就已经知道了？原来，校长站在校门口，第一时间从学生那里已经知道了供暖的情况！看来，这每一个清晨的站立，不仅仅是迎接、问候，更多的是细小的真切的关注！

又一个平常的早晨，我走进教室上自习，突然，肖云奇同学兴致勃勃的来了：“李老师你看我拿来的三本书，这是我为阅读角奉献的新书——”说着趴在我的耳朵边悄悄地说：“校长表扬我了！说我拿来的这几本书很好！还拿去翻了翻。”看着孩子的小脸蛋因为兴奋涨得通红，我的眼前好像又浮现着校长那亲切的赞许的目光，一个孩子特意买来的崭新的好书，就是想把自己最好的给别人，他的内心向往的一定也是老师的最好的赞美，而一进校门就得到了校长的赞许……孩子的心里会有多高兴啊！这个早晨对他一定非同寻常——不用教，这一句赞美，就让孩子真正品味了“送人玫瑰手有余香”的含义。

清晨的站立，守候的不仅仅是一天的开始，更是细微之处的关注，带给师生心灵的温暖。“教育无小事，事事教育人。”清晨的守候，守望的是教育的爱，细微之处见真情，校长和老师之间，老师和学生之间，互相给予的美好，这就是“爱的教育”的真谛。

后记：带泪的微笑

2015年7月3日学习结束了，我正在家里休息，一个学期终于过去了，好好休息休息！一边把家里攒的脏衣服一件件抖搂翻洗，一边在心里谋划着这个暑假该怎样过。平凡的日子就像水龙头的水流淌在手指间，毫无知觉。正在这时，手机的微信来信铃声不停地想起，拿起来看看吧：学校出事了。我赶紧打电话过去，那边颤抖的声音：“校长出车祸了，非常危险，生命保住了，只是……失去了右脚……”我顿时觉得心疼得要流血，化作泪崩泄，听不进去了，只能挂断电话，祈祷还是祈祷……怎么会这样……这难道就是所谓的“人生无常”?!

连着每晚上我都会做梦，哭醒……

我们争相捐资，可是校长怎么也不同意。

之后我们相约去看望校长，她依然微笑着，面对我们每一个去看望她的同事，她苍白的脸上露出的是微笑，言谈中，她依然挂念着老师们的孩子考学的事，依然嘱咐我们上高速开车，一定要特别小心……没有一句哀怨，可是看着那挂着泪痕的微笑，让人忍不住又泪流……

之后，日子又照常流过每一天，不时听到关于校长的消息，做了四次大手术，要忍受酷暑中药物带来的严重过敏，换药的剧痛，支架的磨合……慢慢地传来校长能够坐起来，能拄着拐，能和大家一起相聚，依然爱开玩笑，抓紧一切时间康复的消息。这时，再提到校长，我不再痛心，也不再流泪，不管多难，日子都得过下去。再苦的泪水，也会在忍耐中化作对生活的守候，酿成如花般的微笑，只有平淡中的坚忍，才能造就平凡的日子。

写到这里，我的眼前不禁又浮现出那带泪的微笑，只是我不再流泪。

备注：本篇前半部分于2015年1月发表在《中国教师报》《教师成长周刊》当中。

教师手记——工作三两事

重新提笔

十年后我又提起了笔，因为我看到了10年前我的教育笔记，十年，工作的积淀，生活的坎坷，还不足以让人有所感悟，那就是真正的悲哀了。如今提笔已经时过境迁，我已经是一名有着教学经历近三十年的老教师，虽然日子过得平平淡淡，但是我却有了特别强烈的愿望，想把我的经历、我的成长、我的点滴感受留下来，不为给别人看，只对自己的成长做一个见证。老师的职业是这样平凡，每天都面对的是一群孩子，是一群终于走出校园又最终走进校园的人，一样的校园，怀揣着曾经的理想，干着琐碎的平凡的工作，周而复始，也许慢慢地开始了倦怠，开始了疲惫，辛苦一生，也不会有辉煌的业绩，傲人的地位，那我们以什么而富有呢？看着一批批的学生从身边成长，看那曾经留下稚嫩话语的贺卡，看着在教师节一捧捧只为老师盛开的鲜花，看着期待老师鼓励表扬的眼神……这其中无数次的感动，就是教师这个职业独有的魅力，播种希望，收获感动，这就是教师耕耘的回报——我们是富有的人。老师应该是这个世界上最容易收获感动的人，也就是最善于学习的人，哪怕一次培训带来的启示，一次不经意的交谈，抑或是和孩子在一起的嬉戏打闹，我们都能从中感受生活的生动。

举报电话带来的反思

新接的班，已经一年了，但是我依旧延续着以前的处理方式，和学生家长形同两个世界的人。但是一件事的发生，彻底改变了我的为师之道。

一年了，我接到了三个家长的举报电话，前两个是说作业布置得太多，烦恼之余，我极力调整自己，开学初，作业的布置少了很多，但是上周五还是遭到举报，作业太多。我觉得特别冤枉，因为前一天放学的时候，我针对英语和数学作业，把语文作业进行了删减，可是没有想到还是如此结果，真是一件叫人费解的事情，难道这么一点小事，家长就不能和我直接沟通？非要打个电话告到校长那里！我苦思冥想，是我们之间的沟通没有建立起来，可能是我平时太过严肃、认真，叫家长学生觉得不好接近吧，于是我主动找到家长谈到我的想法、希望，我诚恳的话语打动了家长，毕竟她的孩子在我的班级里，孩子和家长内心深处是很渴望和老师沟通的，联系的桥梁建立起来，隔阂消除了，孩子上课也是精神倍增，我及时表扬，并给孩子发了一封表扬信，鼓励孩子的进步。并且和班上的孩子共同建立QQ群，随时解决他们的难题，其实能做孩子们的良师益友，是我们做教师自己的幸福。用感恩的心来面对自己的学生，可能我们的脸上就会多一些笑容，少一些抱怨。学生确实是在接受着我们的教育和关爱，但他们并不欠我们的。其实给他们爱的同时，我们自己也在收获着感动和幸福。

都说教师是人类灵魂的工程师，而灵魂的塑造是不需要豪言壮语的说教的，而是在这看似微不足道的小事上的辛勤付出！

爱告状和乱花钱

今天早晨，一向顽皮的金永浩，兴冲冲地过来告诉我："老师杜浩宇拿了100元钱，买了好多好玩的东西。您快问问他的钱是哪里来的？"我心下一想，这钱一定来路不明，于是我把小杜同学(也是班里的小皮蛋)叫到了教室的外面。他一看事情不妙，就跟我说是看到阎慧雯花钱买了那么多的东西，很是羡慕，可是平时妈妈又不给零花钱(哈哈，现在的孩子犯了错都是先找个"替罪"的)于是就从妈妈的抽屉里拿了100元钱，准备尝尝花钱的好滋味。这个小杜平时发言积极，是班里很善于口头表达的"小嘴子"，我就启发他："看来，你知道这样做是不对的，那怎么办呢？"小杜眨眨眼睛，很认真地说："我准备回家主动向妈妈承认错误。"我故作惊讶地说："是吗？这样的事你会主动说？""不是，李老师。"("不是，……"这是孩子们惯用的开场白。)他接着说道："不是李老师，我是这样想的，我已经犯了错，如果主动承认，那我妈妈会心里好受些。"说着，自己的眼眶开始红了起来，我也一时很受感动，"你能这么做老师真为你高兴。"立刻答应他，先不说，叫他自己说。可是这事过了好几天，也不见家长来联系，这不同学们说又见小杜同学拿50元花销了。我这一看赶快联系家长吧，这小子根本没说，而是用剩下的钱买了其他的"好东西"。这下妈妈知道了，小杜同学的屁股据说是吃了点苦头，加上妈妈老师一起的教育：小时偷针，大时偷金的道理，这才有了痛彻心扉的记忆，"不能拿别人的钱"。这不，这两天没再花"大笔"的钱。

唉，孩子毕竟是孩子啊，哪里会有那么强的自控力呢？通过这件事，我还知道了，切不可小看这告状的小孩，这都是一个个小监控器啊，正是有了他们，才有了舆论的监督，大笔的花钱才没有了市场。老师要是因为忙，忽视了"告状"的，就真正失去了这最佳的教育时机。孩子的眼睛在观察，看你老师管不管这乱花钱的现象，其实他们都知道乱花钱不对，但老师要是不管，这调皮的到底学不学着做，就很难说了。也许下次他也拿钱乱花的时候，"老师不管"就成了他犯错的借口。

尊重的力量

孙法楠的名字如雷贯耳，诸如“我们班的孙发楠在音乐课上又和老师顶嘴，把老师气得嗓子都哑了。”“孙发楠上课接话，老师说一句，他回应一句。”“老师，孙发楠又打人了。”诸如此类的事情几乎天天发生。

视线回到两年前，那时孩子刚从东北一个偏僻的小山村来到青岛，父母在青岛打工。学习各方面都跟不上，还经常出手打人，有一次，他把同学的游戏机弄丢了，同学要求赔偿，听说游戏机价值3000元，孙发楠的爸爸就不愿意了，老师催得急了，就对当时的班主任破口大骂，脏话连篇，不堪入耳……

六年级了，新来的班主任赵老师找孩子谈话，“孙发楠，你就不能跟咱班的好学生一起玩？”“老师，你见过大学生和收废品的一起玩吗？”“原来，你把自己当成收废品的了。”“差不多，我们家在李村租的房子，我爸爸说了，我以后逃不了这个命。收废品的只能跟收废品的一起玩。”只要孩子闯了祸，面对的就是爸爸的拳头。赵老师沉默片刻，话语很轻：“孩子，即使是收废品的，也得讲道理，也不能打人。不管干什么，都要有自己的尊严，别自己轻视自己。”孩子若有所思地走了，路上碰到了一直在办公室里帮忙的一名好学生，“孙法楠，你以后别打人了，你看老师其实很看重你，为你操了多少心，说了多少话。”埋怨中透着真诚，孙法楠点了点头。第二天，就有一名被打的女生对赵老师说：“孙法楠，找我道歉了。”这真是破天荒了。我是在午饭校餐桌上听到赵老师讲述的这一切。赵老师依旧轻声地说：“其实，一个让人头疼的孩子，在他乖戾暴力的背后，必然有着很多的无奈，当脆弱的自尊受到无意识的伤害时，迸发出的是仇视和自卑交织在一起的结，捆绑的是孩子身心健康的发展。老师的尊重和爱护，是打开这个结的钥匙。”我为我的同事能这样宽容的对待学生，更深层次的认识一个孩子而感动。一个有问题的孩子，不缺乏指责和抱怨，他们更渴望的是老师了解他们的内心。这是尊重的开始。爱从尊重起步。

爱的感悟——今天是教师节

早晨看着孩子们兴奋地跑向办公室，手里拿着鲜花，才反应过来：今天是教师节。有的拿着小鲜花，带着期待；有的三三两两躲闪在过道里，一定是通风报信的，教室里一定密谋着什么节目。这就是孩子，纯真善良。一定要用自己的方式表达对老师的爱，还一定要给惊喜。于是一天中随着上课铃声，便会听到此起彼伏的："老师您辛苦了！祝老师节日快乐！"

教师节，是表达心愿的季节，或许是孩子们期待老师重新认识自己的机会，一张贺卡上面这样写着："我从今天起，一定会积极发言，提速度，认真写好作业的！"节日，除了喜庆，又多了这样一个给孩子们表白的机会。真好！

其实，从这里能看出来，孩子们内心深处很希望得到老师的肯定和赞扬。

最调皮的子敬，亲手做了心形的钥匙链，色泽的搭配，形状的设计，颇下了一番功夫，一个调皮、性急的小男孩，做出这么精美的制作，能想象出他当时是多认真，多仔细，一定生怕弄脏了一个小零件，生怕搭配错了一种颜色。孩子们的爱是这样纯粹，只有给他们最爱的人，才可以这样。沉浸在这样的回味和想象中，就会感到很幸福，沉甸甸的幸福。

今天是教师节，头却疼了起来，一点没有过节的高兴和得意，因为信息老师有事请假，本来就课多，还要代课，头痛加剧，但是和孩子们在一起上课，交谈，似乎忘记了身体的不适，忙碌着挺好的，没有时间感受痛苦。

要与不要

这几天忙着准备高职职称评定，要求是45岁以下的必须参加农村支教，正好前年把年龄改成正确的年龄46岁，可以报名，但是审查资料又遇到了麻烦，和证件不符合。其实写个证明，就可以办到的事情。虽然一直说没有太过于想要那个职称，但是其实内心深处还是想要的，以前总是觉得中高实在是太遥远，于是也给自己逃避出课等考验心理素质的磨砺找到一些借口，似乎什么都不想要了，超脱了，现在来看，有了机会得到，都想试试。这一试，还真是发现了自己的一些问题，真的值得反思，我常常说话办事是随性的，心血来潮，或者表现自己的“侠肝义胆”，当年人家领导追着问我，要不要证件，当然是出课的证明，今天评定职称的法宝，我头一摆，手一挥，大大方方地就不要了，可是不愿意出课的我，实在没有再出课，因为自己给自己的理由是“不想要”。又有一次，当然又是评职称的法宝之一，发表论文，我还是善于写点东西的，可是又是因为“不想要”，让给了别人，如今“想要了”，却没了这两样至关重要的法宝，只能干着急，瞪眼，心里这个纠结和后悔啊！人又怎么能真正地超脱于物外呢？经历了那么多，感受最真的是，人的记忆是最经不起磨损的，只停留在言语的记忆，更像是一阵风，当年做了那么多，为什么没有留下可供人作证明的，能经受住时间磨损的印记？想来想去，还是自己没有更精深地用心于自己的职业中，没有心理的预备，有很多时候，是浑浑噩噩地混日子，做了很多，没有总结，没有回顾。现在看来这是对自己的消磨，其实每个人的内心都是渴望成长的，在成长中建立自信，尤其是做教师的，常常会面临这样的窘境和困顿，从现在似乎就看到了未来。要想不再日复一日地重复，也真的需要成长，让自己对未来有所期待。职业生涯已经过去了大半，后面的日子还要这样重复吗？当然不能，想到这里，真的好惭愧呀！在自己的位份上，用了多少心思？做了怎样的梳理？有过怎样的规划？有能拿出手的专长吗？似乎都没有。在今后的日子里，应该更加专注于自己的本职工作，踏踏实实，简简单单，让自己的兴趣发挥在工作中，成就自己乐在其中的境界，或许看似最难的事情，也会水到渠成。不管什么时候有目标的人，才能向前走得更远，更踏实。就像那条寻生的鱼，就像那位校工师傅。怀揣着梦想，不停地忙碌，并用上心思，让过程更愉悦，让心灵更轻松。

开 心 点 哦

今天可能在布置任务时又板着脸了，还是他，过来，伸出手，拉住我的手，“开心点哦！”依旧亲昵地看着我，期待着，我赶紧收起板着的脸，笑着说：“一定！”说来也怪，这一笑，也就开心了。多可爱的孩子，我女儿看我不高兴，也难得这样来逗我开心。

难受的情绪不能宣泄

周二，老高的母亲去世了，周三出殡，周四就来上班了，按理应该是三天的公假，隔周周一才能回来，但是学校里面的事情实在是太多了，周一又要彩排，如果我周一回来，全班就上不了场，只有在周三晚上急忙赶回来，一路上就感觉头剧烈疼痛。早晨到教室，垃圾桶套的整齐干净，这真是孩子们第一次自己把卫生收拾得这么干净，顿时感觉很欣慰，孩子们确实大了。感慨之余，便发到了微信群里，很多爸爸妈妈跟着感叹。

但是出人意料的是，下午的第二节课，突然爆发了热烈的掌声，上课时，又传来了一阵阵的喧闹声，据说把校长都引来了。老师上不下课去了，事态似乎很严重，我进到教室里，还是一片喧闹，我突然很感慨，我真的要跟我的孩子们说说我的处境了，“孩子们，你们知道吗？李老师这是在忍着泪，给你们上课，家里面的老人去世了，本来奔丧三天，我只请了一天假，这都是为了什么呢？”说着，我的泪不禁流下来。这几日的奔波，纠结，忧心费神，在这一刻，似乎要崩堤，我心里默默地告诉自己，千万别让泪崩，下面还要开会，还要放学，面对校门成群的家长……于是，我转过身，在黑板上板书作业，拼命忍住眼泪。工作25年了，这是第一次在学生面前流泪。我不敢看孩子们的眼睛，只感觉30多双眼睛里，流露的是关心，紧张，强忍着的悲伤。孩子们感觉自己错了，他们没能在老师最难受最需要帮助的时候做好自己的事情。尽管心里失落，但是感觉此刻我们的心真正地融在一起。

李老师，我们错了

看了他们写的日记。

张赵佳怡的日记：

每一个人的成长都面对一些错误，错误是我们人生中的必修课，而我今天犯下的大错，会让我一生铭记在心。

清早，本应该是已传来琅琅书声的时间，而在今天，我们班却一直很乱，我作为班干部，没有尽到我的责任：管理好同学，让李老师很生气。这一点，我做的的确很失败，我应该积极地去提醒，改正大家的错误，让一天的开始很美好。上课铃一响，大家就开始了习武心得学习。这节课是安全教育，大家浮躁的心又一次的跳动，自从上课以后，大家就叽叽咕咕说了起来。我看着电脑上的视频，耳边传着一阵阵的说话声，这时我心想：怎么这么乱，我是不是应管管？算了，老师在上面，管他呢？唉！就这样，我们到头来还是引来了校长……

李老师，一日为师，终身为父。您的婆婆去世了，我们也替您伤心，在您眼里，我们永远都是纯洁的小学生，而今天的这两件事您一定对我们失望。我知道您一定也对我们这些班干部非常的伤心，我要在这里深深地给您说一句：李老师，我错了。我不希望您失去阳光般灿烂的笑容，李老师，我错了，请您原谅我吧，您永远都是我们心中那个和蔼，充满阳光的李老师！

佳怡是个非常优秀的女孩子，她品学兼优，学习突出，登山赛马样样精通，没想到这么强的女汉子，内心也如此脆弱，孩子们很害怕失去老师的爱和笑容。

她的妈妈也写道：您为孩子们付出的实在太多了，让我们这当家长的自愧不如，现在您不仅是孩子们的老师，也是他们的挚友，也许他们现在无法深深体会到您的心情，但将来有一天，他们肯定会明白，也会感恩，谢谢您。李老师！无论是孩子，还是家长，能在求学的路上遇到您是我们的福气，我们和孩子会好好珍惜这份师生情。

陆畅悦乐说：……老师，对不起。我当时真的想说出来，但是大家都安安分分地坐着，我隐约听到几个同学的抽泣声……

苗苗的日记：

……看着李老师走的背影，这时，我们才意识到了问题的严重性，说："我们气走了李老师"一点不为过。必须找一个有代表性的人物去把老师叫回来。我们这样想。突然，张城安占了起来，向门口跑去。"你干什么？张城安？"我们虽然都压低了声音，却都是十分地着急。随着我们压低的呼唤，他还是冲向了李老师办公室，毫无疑问，李老师没有被请回，我们很期待李老师的回应，问张城安，就是不多说。

"出校门的时候，我没去发飞信，我怕，怕打扰到她，走在回家的路上，尽管和蔡沅均是如此的无话不谈，但是，我们选择了沉默……"

事后，我问了苗苗，这位班里的大队部委员，"你为什么不来找老师？""我们还没来得及想出办法，张城安就跑出去了。"我又问张城安，"你当时是怎么想的，就自己去找老师？"他心疼的表情，一下子让我知道了答案，果然他说："还不是看见李老师太生气太难过了吗？"依旧伸出手，相握。

我突然明白了，没有人再会像这些孩子这样在意我，只有这些和我相伴四年多的孩子们！这对我而言是一种莫大的幸福，更是责任，我能做什么？我能给他们什么？只能将真情是埋在心底！

又要开会了。会上又是“表现性评价的讲座”。不断地学习，争取给孩子们更多地东西。

失去亲人的痛苦，和被人误解怀疑的无奈，都会随时间远去，不变的永远是真爱的追求，下班了，还在为国庆节演出的节目音乐忙碌，家长在电脑那头密切配合，一时间，心里的痛便开始变得淡了，幸亏有你们，亲爱的孩子们，尽管你们这样调皮，不听话，但是正因为有你们，透过痛，我看到了更辽阔的天空，更纯真的世界。这是唯一的幸运——感恩油然而生。想到这里，我又能带着快乐回家了。

孩子们的心底就是这样的善良，看到这些，我开始后悔昨天在他们面前宣泄情感，孩子们又有什么错呢？这么好的孩子和家长，我有什么理由冲着他们难过、抱怨呢！看着看着，心里不由得生出愧疚来。孩子们为什么不能自律？为什么班风头一条就是“自律使我成长”而有些孩子们却始终不能自律？这才是我应该考虑的问题，而不是通过廉价的情感交换，赚取孩子们的成长。需要建立一套完整，能够调动孩子们积极性的班级管理制度和评价机制。

小组学习互相管理机制的建立

通过一定的搭配，包括性别、性格以及习惯养成的搭配组合，形成四人学习小组，由小组长负责，对作业、自习课、午餐休息和就餐以及值日进行小组之间的量化打分，每天每个环节都要及时加分和减分，小科老师管理班级比较困难，就让小科老师也参与打分管理，下午进行汇总，得分最落后的小组要把自己的奖章给先进小组，这样督促孩子们互相帮助进步，听说要给自己的小组起名字，孩子们来了兴致，到底起什么名字，他们叽叽喳喳地选了好久。

那几个调皮喜欢瞎起哄的男孩子，为了能够起到爆炸效应，胡诌了好多奇怪的名字，当然不能让他们得逞！于是最后还是决定，先按照座位分成三个人组，也就是红、黄、蓝三大组，各大组又分成了三个小组，为了好记，每个小组起的名字都和自己的大组有关联，红队就起了红翼队，飞得高啊；红宇队，好红火的名字；星火队，星星之火可以燎原。蓝队就起了海燕，海鸥，海韵，因为大海是蓝色的。黄队呢，黄色最明亮，最阳光，他们的三个队分别是金钥匙队，这是我送给他们的名字；麦芒队，是要领先的意思了；还有金风队，取金风送爽的意思。小组建立起来，需要制定最终的奖罚制度，小赵和小魏进行商量，这不这些小家伙凑在一起，愣是给商量出了对策。这是小张和小魏一起商量并组织的班队会课：

一、预设

最近看到班里风气很不好，同学们瞒着老师干各种违反纪律又危险的事，课堂教学快速的进度使同学们非常浮躁，早就思考组织关于纪律的班队会，与大队部商量，正好有金门路班级例会的活动，我们就想着把这次班会做人。

我们班的班干部同学针对早自习、课件活动、午休纪律、课堂纪律等方面分别看到了各种问题，我采集了所有班干部的汇报，并找到关键的，最有代表性也是最恶劣的做法放入课件，并围绕前几天整体换座位制定了小组的秩序，但都没有明确落实。我们邀请了其他任课老师：刘晓云、吕小龙、王佳玲等进行探讨，又看出了我们班隐藏却又可怕的问题，于是几位班干部一起商量出了大纲，也就是课件的主要内容。

二、班队会纪实

2017年3月6日，我们六年级五班进行了一次主题班会。尊重知识——上好每一节课。最近，我们班明显遇到了以下问题；

（1）在老师不在班里的时候，你有没有跟同学一起出怪声或大声喊叫？对班干部同学的管理置之不理？

（2）找各种理由出教室，随便溜达，其他同学趁此机会借着出去把那个同学抓起来的理由逃出教室的“魔爪”？

（3）在老师转头的一瞬间换座位、说话，但声音不大，耳旁却传来低沉而杂乱的声音？

（4）在写作业的时候看到其他同学都在玩，情不自禁地加入进去？

所以，我们开展了专题班队会，让任课老师分别发言。有老师说，我们班同学过于“自我”，不注意倾听，只沉浸在自己的世界。也有老师说，我们班同学在小课上不注重纪律习惯，在课堂上乱接话把，开玩笑，妨碍老师的教学工作。还有老师说，我们班班风不正，上课出怪声，写其他科的作业。甚至有同学在自习课或小课往教室外追逐打闹，闲逛，旷课。

这节班会课，我们就这个问题找到了同学的原因、解决方案，制定了小组评比制度。

小组
外:排名(1)
纪律一周表彰大会(2)
内:自己定方案(3)

小组分数排名
前三名:
第一----3枚章
第二----2枚章
第三----1枚章
后三名(倒数):
第一-----值日一周+扣1枚章
第二-----扣2枚章
第三-----扣1枚章

进行个人评比(表现好、纪律差、有进步)
表现好:方法
有进步:克服
纪律差:如何改正

然后让小组内部讨论,总结思考如何克服组员的困难。梳理问题,解决方案。

每个小组报告自己的队名和口号,让任课老师知晓分组,并总结出了组内的方案:

小组同学有三次机会，只要提醒后在同学们的帮助下能解决问题，就先不惩罚，三次后就进行正规处罚。

每个小组都制定了组内的规则，然后继续采访任课老师的意见。

老师说：管得住自己，你是习惯的主人；管不住自己，你是习惯的奴隶；做主人，还是做奴隶，全在于自己的选择。

最后，同学们树立了决心和信心，争取在以后养成好习惯，大家一起坚定地喊出：我们在老师们的监督下齐头并进，争当美德少年；立德树人，成就未来。

三、后记

班队会总结出了方案，大部分同学都已经遵守，但还是有几位习惯调皮的同学无法适应，我们按照小组的规章制度其他同学的认真监督和老师的严格抓紧，使班风以及课堂纪律有了明显的好转。

可不能小瞧咱们的孩子们，真正地放手让他们做事，他们的能力和策略会超出我们的想象。

今天是国庆的前一天

和孩子们一起排练了国庆节目，今天要表演了。首先诗歌朗诵：《沁园春·国庆》，由我们的金牌主持刘一冉朗诵前半段，后半段齐诵。配乐是《雨的印记》，紧接着伴随着欢快的音乐歌唱《爱我中华》，孩子们唱得投入，歌声婉转悠扬，尤其前面领唱的孩子，租借的少数民族服装，鲜艳夺目，他们经过专业训练，表情和唱功方面都很突出。加上两边的两个身着藏族和苗族服装的小姑娘，随音乐翩翩起舞，真是锦上添花。张赵佳怡这个小小女汉子，铿锵有力的指挥声，使合唱队伍显得整齐有力量。她的声音至今还萦绕在我耳旁，只见她在歌声即将唱起的时候，甩出国旗，动作干脆利落，随即舞动旗杆，真是振奋人心。其实，我跟着队伍到舞台后面候场的时候，心就提到了嗓子眼，也不知道为什么会这样紧张，但是当五星红旗飘扬的一瞬间，我的心啊，似乎要飞翔！

“忆峥嵘岁月，沧桑巨变，要珍惜，要珍惜”诗歌中对往昔的回顾，耐人寻味。恰好和“爱我中华！爱我中华！爱我中华”相应和。深情的朗诵和嘹亮的歌声表达着自己对祖国的热爱，台下的家长和老师，爆发出一阵阵热烈的掌声。幸福的生活来之不易，爱我中华，爱我河山，团结一心，祖国才会有将来，人民才会有未来。赞！苗苗和妈妈的奇思妙想啊！服装的租借着实费了一番功夫，但是没有一个人来表白，本来高高的音调，佳怡妈妈费尽周折，降了一个音，孩子们才能把握得游刃有余，四个跳舞的小女生费尽心思排练，合舞，懂得了合作的真谛……太多太多感人的相助，组成一支支成长的交响曲，我想，这才是我们心中最想听的，最美的乐章。

飞扬的五星红旗，鲜艳的民族服装，优美的舞蹈，嘹亮的歌声，自信的表情，组成一幅最动人的画面，会永久印在我的心中。感谢你，我最亲爱的孩子们！

放心吧，我会保护孩子的自尊

已经是晚上八点半了，老母亲白内障动手术，我刚从医院里出来，又惦记着老父亲，刚安排好老人的生活准备回家，就接到了电话，是小H的爸爸：“李老师我有个事，给你反映一下。”这个小H平时丢三落四，极其贪玩。但是小家伙十分聪明，爱看课外书，可是就是不愿意书写，上课经常在抽屉里放本书，看得津津有味，常常不写作业。他爸爸是个艺术教育工作者，信奉快乐成长，主张给孩子更多的自由，强调自主发挥，平时很少跟我联系。这孩子表达能力很强，即兴发挥总能出彩，平时联络人，办个事，那个机灵劲儿，一个顶俩。

“托管班的老师发现小H的口袋里有很多钱，让我问问，我这一问，原来是同学威胁他管他要钱，不给就会揍他。”说到这里，情绪就控制不住了，要求老师严厉批评这个威胁同学的孩子，让老师大张旗鼓地批评教育。这可不行，这么小就威胁孩子要钱，这长大了还了得！

“小H爸爸，你先别生气，我先调查下。依着我的经验，即使有这样的事情，也不能过多的进行强化。告诉孩子问题的严重性，并要给孩子改正的机会。”那边一听便来了火气：“老师要是你不方便说，我来说……反正，不能让孩子受到威胁，不能让孩子心里有阴影！”我一听，心里也有些火：“小H爸爸，既然你告诉我，还是信任我的，我要先问问情况，再有，你先消消气，至于怎么办一起商量，暂时还不需要你教我。”

望着窗外，月亮已经升到空中，繁星点点，万家灯火，我又拿起电话，问向那个“威胁别人”的孩子小辛，结果有好几个孩子，一起花的钱，小H本人也是花钱不少，都是为了买游戏卡，升级用。小辛的妈妈极其重视孩子的教育，并向小H爸爸进行解释，我又给他打电话，这回，他的火气消了，一再要求老师：“还是让孩子们自己解决，不要过多强化。刚才一听孩子受到威胁，就有些急了。”我正好借着缓和的气氛，跟他说了，孩子正是成长的阶段，是非观念正在形成中，遵守平时要求的常规，有条不紊的整理学具，规划时间，增强自控能力等，都能帮助社会规则意识形成。

我想了很多，为什么会出现这样截然相反的说法呢？家长总是站在自己的角度，站在保护自己孩子的立场看问题，而老师面对的是来自不同家庭的孩子，老师对孩子的评价关乎孩子的集体形象，关乎同伴对他的认定，不谨行慎言，又怎么行？其实，以往总是有孩子偷偷拿小朋友的东西，我发现老师越是在课堂上强调，丢东西的现象就越发严重，即使抓住了“小偷”。我从来都是对那些拿人家东西的孩子，不叫偷，都叫拿，而且严守秘密，为孩子争取改正的机会，如果一个孩子在人生刚刚起步的时候，就被冠以罪恶的称号，自尊扫地，就别指望他改好了。

我很庆幸我还能在家长愤怒中保持着这份清醒，即使他的孩子真是受到了威胁，去拿家中的钱，我也不能大张旗鼓地公开批斗。当然做坏事还是要断然制止的，但是必须保存孩子的自尊。

所以最后，我跟小H的爸爸说：“放心吧，小H，其实不做反面强化，在你给我打第一个电话时，我已经决定了，这也是我一贯的态度。”并给他鼓劲：“咱们从点滴做起，就从按时完成作业，增强自控能力开始。共同抓好孩子的教育，一定会有显著成效的。这件事我也不会公开批评，和孩子们私下里谈，帮助孩子保留自尊心。”在他的感谢中，我的心情也释然了许多，尽管这时的月光已经默默地洒向窗棂，夜幕更加深沉……

偶得诗句

郑板桥为《竹梅图》所提对联“虚心竹有低头叶，傲骨梅无仰面花”意思是竹子内心谦逊才向人虚心低头，梅花高傲不屈从不仰面拍马逢迎。此对联以物喻人，托物言志。抓住梅竹特点，展现人的美好心灵。上联“有低头叶”，指竹不倨傲自矜，虚心有节。下联“无仰面花”，指梅不媚俗向上的骨气品格。语言朴实，构思巧妙，寓意深刻，对仗精工，堪称佳作。

这是对内心充盈、博学谦逊的赞美，只有真正有真才实学的人，才会自然地谦虚若谷。多精练的诗句，能够很好地充实我的语言。可是如果平时不注意读书，就觉得说话不对劲儿了，跟学生讲道理，或者啰唆，或者易怒，或者理屈词穷。原来都是读书少的缘故。如此，这回真正体会到了李镇西老师说的，因为多读书，积累了丰富的语言，所以跟学生谈话时，就会做到言简意赅，妙语连珠，令人信服。这不，多好的诗句，教给孩子们，世间万物，皆是此理，满谷总会低垂，仰面的只能是秕谷。并以此自勉。

我也是啊，要多从书中汲取养分。滋润的话语，如清泉般潺潺，如细雨般沙沙，如响鼓般咚咚，时而引人入胜，时而委婉动听，时而催人奋进，时而如沐春风。要多读书，多积淀，肌体总是要衰老的，但是可以让语言展示精神，永葆青春的魅力，让灵魂跟着书籍舞动最美的身姿。

教师如果不流有源源不断的清泉，无法润物，自己亦会感到乏味。“问渠那得清如许，为有源头活水来。”活水从读书中来，并要留心蓄水积累，才能收放自如。

校园里的遇见

校园里，碰上了几个同事，大家结伴而行，逛街，回家……我不由得来到小操场，这里从我刚刚工作时的土渣跑道，已经变成了红红的塑胶跑道。今天迎着冬日少有的阳光，清凉的微风，踩在脚下的跑道是这样的柔软，亲切，她真的像一位亲人，静静地陪伴着我，我一圈一圈地走，只有那些横杆，只有角落里的足球，他们向我诉说这里曾经发生的故事，曾经有过的喧闹，曾经有过的热烈……啊！放假了，真的放假了，没有学生要去管理，没有考试要去操心，原来日子可以这样去享受，没想到本来想逃避的我，却有了这多美好的享受！这里，虽然安详，静谧，放松，但是却仿佛缺少了什么。我好像丢了什么东西，失魂落魄的感觉，为了不再难受，我回到办公室里，写下了《喜鹊》一文。反复读着，心里好受了很多，当老师快三十年了，离不开这些小家伙了。恰好有几只喜鹊飞过，好像对我说着什么。

刚刚开学

新学期开始了，快下班时接到了《有话大声说》栏目的导演打来的电话，说是要征求下对“开学恐惧症”的看法，我觉得没有必要过重地渲染开学给大家带来的不适应，把它上升为恐惧。如果有，那我们应该采取怎样的措施，避免或者更好地利用开学恐惧症？

似乎我们的工作还是超前的：

（1）开学前一周，就跟家长和孩子强调作息时间的调整和安排，尽量接近学校生活。

（2）合理安排寒假出门游玩的时间，在放假之前就有长远的打算，还有的孩子在假期里面就看重读书学习活动，有意义的走访，如看望父母小时候的老师和亲属等。有了冬令营，走访，开学就不会觉得差距太大。

（3）换一个角度，如新学期也是新的开始，也是实现自己目标的好机会。

导演说安排好时间再找孩子们和家长们参与录制节目。

没过几天，又接到电话，说是节目取消了，可能是我提出了对“开学恐惧症”的异议，我感觉到了他们的失望，因为，我接听电话的时候，明显感觉对方的声音特别小。他们采纳了我的意见，正面的引导应该是宣传机构真正要做的事情。说以后录制节目还要找我。

因为我的直言，估计电视台取消了这个主题，我这是不是就是传说中的直言癌?

其实,我的孩子们也是恐惧开学的,只不过他们有爱他们的李老师,有朝夕相伴的小伙伴又要见面,因而他们又是期待开学的。但是这样的话题,再遇到,还是不应该拒绝,或许我们做了节目,能够帮助到更多的孩子们。

我等着您

小胡同学，拖延症很严重，不能放手，天天看着写作业，但是也是不见明显效果，他爸爸挺配合，但是也是欠缺陪伴，监督力度明显不够，抑或是本身就是放养型，依靠孩子自身的变化，总之，这几年下来，作业按时完成的事情没有根本解决过。

又到了放学时间，这孩子又是急匆匆赶完昨天的作业，正要出校门，接到他爸爸的电话，说是晚点来接孩子，我一想可能又是忙于工作，听说事业做得挺大，忙于工作顾不上孩子是常事。

天气特别冷，让孩子在门口等着，多冷呀，就先让他在班里等着吧。等到老师们下班，他爸爸还不来，我就领到我办公室里，让他一边等爸爸，一边写作业。这一等，就等到了六点半，这家长，怎么还不来接孩子呀？眼看天就黑了。可是孩子说，有一次到同学家，等爸爸等到了七点多钟。我一听，看来还要等上一阵子，这么晚了，孩子多饿呀，那就叫份外卖吧。说着我和孩子一起叫了外卖，看样这孩子能和老师一起等爸爸，还挺高兴。正在等外卖呢，短信来了："李老师我在大门口，还没有结束？"我就纳了闷了，怎么还没有结束？不是我一直在等着吗？忍耐着，等待着……难道？

我赶紧让孩子下去，赶紧回家吧，我也好回家去，我可是感冒地坚持着呢！不一会，他爸爸又来电话了，原来，放学时，家长就等在门外了，听几个小伙伴告状，说是小胡又被老师留下来补作业了，于是家长为了配合老师，就一直在校门口等，一直等了将近两个钟头！孩子呢？以为爸爸有事耽搁了，不能及时来接他。我呢！

以为是做好事，老师陪伴学生等家长来接嘛，就把学生当成了自己的孩子了，又是一次次地倒水，又是叫外卖的，好生忙活。但付出会有回报，从孩子那愧疚而感动的目光中，我感受到了，老师和父母的爱，已经深深印在他的脑海中。

两个钟头，老师的陪伴，爸爸妈妈的等待，我们心中只有爱，没有抱怨，希望孩子你能在我们无怨无悔的爱中，真正地成长。

心灵的塑造

上课时，有孩子接话，甚至故弄玄虚，哗众取宠，故意出怪声，该怎么办？

讲很重要的题时，我开了句玩笑，这下这群“猴子们”可来了精神，尤其那个均均，最是能挑起话题，想着逗笑大家。于是我说一句，他“昂”一声，我说：“孩子，你那样的笑话可不是什么幽默，赶紧收起来吧！”“昂！”又是一声。

“你那个充其量是个哗众取宠。”“昂！”这一声还带着一脸的坏笑，全班哄堂大笑，那几个平时就调皮的，可来了精神，好一个昂昂的没完了！我这心下里就憋不住地火了，这还了得了，公开跟我玩这个“瞎起哄”！过去的课堂上，可从来没有过呢！这还了得，以后总这样，我这个师道尊严的班主任，岂不说话没有了分量！

这火就着了起来了，一通训斥，先是冷下脸子，“小猴儿们”就开始有些害怕了，接着又是一通炮轰，真是气死我了，当然是假装生气。看看下面，都老实了，有的肃穆，有的麻木，有的心下里不服。这群孩子，给火就点炮！

晚上整理我的随笔，刚好最近又发一篇《喜鹊》，想想其中的感悟，这些孩子又怎么能很有效地控制自己的情绪，又怎么能懂得“审时度势”？光是发火，威镇，也只能起到一时的作用，要想真正地让他们懂得爱，懂得怎样才能受大家的欢迎，需要我们站在他们认知的基础上，循循善诱。

第二天课间休息了，找来均均：“你觉得上课出怪样，有趣吗？”今天孩子的态度很认真，很肯定地说：“李老师，我想了，确实没有意义也没有意思。我以后上课不闹了。”我进一步地说：“可是你又渴望大家的关注，怎么办？”孩子挠挠了头，踯躅半天，不知道怎么回答，我冲他笑笑，说：“你忘了，我们曾经学过《高尔基和他的儿子》那篇课文？”孩子恍然大悟：“我想起来了，给予永远比索取快乐，要给别人留下美好的记忆。”我点了点头。充满期待地说：“那你该知道怎么做了吧？”孩子高兴了：“李老师，我知道了。”说着一溜烟跑了……

看着他的背影，我心里庆幸，幸好又找到了孩子，幸好和孩子有了这一番心灵的互动，牵手。孩子就是小树苗，阳光的沐浴，爱的润泽，才能茁壮成长！

预则立

今天是新学期的报到日，我早早地来到学校，已经有好几个男孩到学校了，这是昨天在群里响应卫生委员鹏鹏的号召，主动来值日的孩子。老远就听到了他们在教室里谈笑风生，一边打扫，一边说笑，这就是孩子，`一个寒假了，没有见面，自然有很多的话要说，但是说话，怎么干活呀？我说："农民伯伯有句话是拉呱耽误拉犁。"顿时，一片寂静，这些孩子都大了，立刻明白了意思，真好，这是孩子们长大带给我们的快乐。

陆陆续续地其他孩子都来了，负责收作业的收作业，负责拿新书的早早去排队领新书。一切井井有条，负责收作业的臧冉兮，分别根据不同要求，记录每个人的作业情况。她一贯认真，仔细，让她做这件事，最让人放心。同时，张赵佳怡负责给每个小组统计合作展示寒假生活的主题。同时能够完成多项事情，真好，这也是工作效率提高的体现。

就这样，收各项作业，打扫，领新作业本，领新书，好多的事情，不但衔接紧凑，而且悄然无声。我呢，面对这么听话的孩子，还需要大喊大叫吗？一个小时，不但达到了我的高要求(我的完美主义，偷乐)，还能不拖堂，真的是头一次啊！欣慰中，我总结了两条：一是提前预设，凡事预则立不预则废。二是孩子们了解了我的心思，也懂事长大了，他们能主动报名打扫，并提前来到学校，等着大家都来的时候，教室里已经焕然一新。为后面的工作，打下了基础。记得杨澜说过，人的高贵，就在于能不断的优于过去的自己，对于改变的自己，优化的自己，我感到了欣慰，老师改进，孩子们自然会跟进的，这是些多么聪明的孩子们啊！他们才是精灵，我不得不做改变啊！不然得有多窘迫啊！又拿什么给予他们呢！我们希望孩子做到的，自己不首先做到，真的不行。就我这么一点点改观，孩子们都能够感觉得到，并且给我们回报！多么纯真的孩子！

希望我在改变中不断优化自己，能给予孩子们更多，也让他们在我的改变中更好地成长。

开学的第一节班队会

转眼都2017年的春天了，今天是开学的第一天，六年的小学生活即将过去，这是小学最后的寒假，因此班队会一定要总结展示些什么。包括两个方面，一是对寒假前布置的检查，二是在假期生活中，看看孩子们有哪些成长和收获。网络科技的妙处是可以通过微信群进行通知，真是方便。报到那天张赵佳怡就和每个小组商量着选择了主题，即寒假之前要求做到的，包括出游、学习、读书和孝亲，小组要选择其中的主题，并合作汇报。

由张赵佳怡和魏鑫宇主持，首先上来的是辛子辰小组，他们的展示制作成了课件:《我的寒假生活》。辛子辰展示了青岛的美景，看她准备的照片，天空晴朗，海鸥群结队的集结在海滨，一时间，沙滩上，礁石旁，白鸥点点，人群欢腾，海鸥的欢叫，人们的嬉笑，浪花的欢腾，轮船的汽笛，组合成一首生动的交响曲，赞叹着人与自然和谐的魅力。郝可欣站出来了，她寒假去了夕阳红敬老院，给爷爷奶奶唱歌，你瞧，身披红绶带的小姑娘，笑眯眯地站在慈祥的老人身旁，由内而外的闪亮俊俏。多美，多善良的孩子啊！他们用心感受自然，用心付出爱，让爱洋溢在幸福的笑容里。

孙鹂菲小组上来了，他们选择出游的主题，孙鹂菲依旧是缓慢优雅的语气诉说她出游南宁、广州的名胜古迹，品味闽南地区的春节风俗。于赢杰呢，去了北京故宫，“印象最深的是那里的大，哇，太大了。原来就知道故宫是世界最大的皇家宫殿，亲眼看见真知道什么是大了。”是啊，“纸上得来终觉浅，绝知此事要躬行。”不然，古人说读万卷书，行万里路呢！宋扬，这是一个机灵聪明的小伙子，早就变声了，一个寒假回来，发现他的脸上多了些青春的成果。孩子们悄悄地长大了。一个晴朗的冬日，他们相约来到青岛的海边，挖了好多的小蛤蜊、小海货，感觉到青岛独特的魅力是大自然对青岛人独特的偏爱。只要走出家门，投身自然，就不虚此行。

紧接着上来的小组，汇报的主题是小琴。陆畅的开场白："今年的寒假，我妈妈生了小弟弟，也是剖宫产。一个妈妈的剖宫产要剖开里里外外的七层，相当于十二根骨头断裂的疼痛。通过这件事，我懂得了妈妈为了把我带到这个世界上，付出了多么巨大的痛苦，我要感谢我的妈妈！"说着眼圈就红了，是啊，这孩了自从有了弟弟，就变得懂事而乖巧，以前经常逃作业，现在却能够在课堂上把笔记做得井井有条。

鹏鹏呢！卫生委员，利用节前父母外出，在家独自默默地大扫除，长达六天，结果呢？妈妈回来一句话："今年家里没有人打扫，咱们到姥姥家过年去。"鹏鹏的心里，像泼了一瓢凉水。自己长大了，可是还不能真正地得到大人们的信任啊！不过，节后回到家，妈妈看到儿子居然把家里打扫得一尘不染，依旧很幸福。成长是有声音的，听着他们谈论假期经历，就仿佛听到了竹子拔高时发出的清脆的声响。

早就知道孟祥琪的妈妈怀了二胎，估计他也要上台宣布好消息，出人意料，"小憨蛋"忍不住哭了出来，哽咽着说："有一天，爸爸让我去姥姥家住，让我好好照顾自己，家里有些状况，后来才知道小弟弟没了……"说着，他已经难以自制，我看不得这哭的场面，赶紧跑到教室后面，偷偷抹泪，好不容易收住，结果还是被后面的几个女孩子看见了，我看见她们也在抹眼泪。经历了这次事故，"小憨蛋”懂得了人生无常，最宝贵的也很有可能失去，每个人都要学会面对，学会坚持。

出游的还有魏鑫宇，他随爸爸去美国的学校读书两周，发现那里的孩子学习、生活并不轻松，一节课90分钟，由教师讲授后，要自主学习，并要在课上探究和创新。他真实地感受到了东西方教育的不同。

寒假的读书生活，也是丰富多彩的。詹博帆读的《青草湾》描绘了儿童在乡村的生活，充满了青春的美好。周名扬读了沈石溪的《猎雕的遭遇》，我们班三年级开始读了大量的沈石溪动物小说，直到今天，孩子们依旧爱看小说，用动物的视角讲述故事，赞美人性的真善美和尊严，更让孩子们感到亲切。

苗苗小组讲得主题也是孝亲，春节期间，苗苗一家会去阁楼，摆上祖先的灵体祭祖，感恩生命的初始，并祈祷幸福。张城安呢，外号“套路王”，在妈妈从德国归来的日子里，想出了很多的妙招，如趁父母外出，做西米露，悄悄地下载一个电影，给妈妈一个惊喜，并共度好时光。我能想象到他妈妈进家门，看到孩子的成长，那一刻是怎样地幸福！

不管孩子们选择怎样的主题，都让我深深地感受到他们内心充盈着爱，他们爱父母，从生活的不同角度感恩父母的爱；他们爱生活，生活中的点点滴滴都会给它们不同的启示；他们爱学习，从书中学习，在生活中积累。当然，这背后一定是父母悉心的呵护和培养，我们期待着这些小鸟羽翼丰满的那一天，那时一定会飞得更高、更远。

学校传来好消息

今天是情人节，校方也传来好消息：我们班是网络调查中，学校唯一的全部给打满分的班级。

我们班的大队长张赵佳怡喜滋滋地跟我说：“有个好消息，我们班是网络评价唯一一个全部满意的班级，吕大队让我们在大队部会上跟别的班级介绍经验，我们用的什么办法？”“我们能有什么办法，是这六年老师辛苦付出，学校为了我们能够更好地成长，做了大量的工作，安排了很多活动，尤其大队部更是想尽一切办法，给同学们实践的机会。”魏鑫宇闪着他的大眼睛说：“我明白了，感恩是我们的班训，感恩使我们快乐！是同学们懂得感恩老师、感恩学校，所以才回答得满意，这是发自内心的，真诚的！”我赶紧伸出大拇指，小魏关键时刻总是能点评到位，颇具领导者风范！孩子们大了，我们日积月累的教育和培养，都会在他们幼小的心里埋下种子，付出多少汗水，就有多少收获，在孩子们那里，我们的付出永远不会被辜负。

不可晚到

我早就发现了，为师者，凡事不可懈怠。这几日，不用去西镇陪女儿了，早晨不必起那么早，便有意识地，把闹钟调到了一个小时后，没想到一阵忙碌，加上堵车，到学校就要打铃了。三步并作两步地跑到班里，还好，孩子们都在班干部的带领下，开始了自习，秩序井然。我松了一口气，估计小家伙们看到了我脸上满意的微笑，“老师，刚才郭丰宁，胡德镛都跑出教室了！”“我们想看看李老师今天来没来？”我故作生气：“那你希望老师来呢？还是不来？”“当然是希望老师来了！”我知道这是他们的心里话，别看这几个平时调皮的家伙，他们对老师的感情是很深的，越是调皮的孩子，越是能够直接地表达自己的情感。唉，除了门口的打卡机，早晚准时记录到校、离校的时间点，精确到分秒，让我们分秒必争。这几个调皮的随时跟踪的——人工考勤机又告诫了我：万万不可晚来。

熊孩子又来看老师

中午，我正要出校门打食儿，传达室师傅说有个小伙子说是从美国回来的，来看我，一点左右到，我心下里犯嘀咕，会是谁呢？一定是贾龙峰、冉思源吧，这两位是当年我们班上最优秀的孩子，他们俩听说在美国名牌大学就读，如今也该归国了，还一再想象着，打算着说些什么好。对了，这两个当年勤奋好学的好孩子，如今成才了，要让眼前的这群小家伙们看看他们未来的样子，我便在黑板上写了“我的将来”。一会儿，保安又来了，出现在教室门口：“你的学生来了”。本来打算在班里等，午间托管是不能空岗的，但也实在按捺不住内心的盼望和好奇，临走时，我说：“别乱，别让大哥哥笑话。”我几步便跑下了楼，见一个穿灰色大衣的男子，正在和传达室的师傅交涉进校门，幸好我下去了，转身一看，啊，又是任健，当年那个最调皮的熊孩子，挨批评是家常便饭。我心里一阵失望，盼望的好孩子并没有出现，毫无踪迹，我把任健接了进来，“老师，你要带我到哪儿？”我抿嘴一笑，我带你去看看你的“过去”。他一脸不解，来到了三楼的教室，进了教室，孩子们果然一反常态，悄然无声，我向他们硬着头皮介绍任健(其实这并非我写时心里盼望的“将来”）“大家看，这就是从美国学成归来的大哥哥，也就是你们的将来。”下面传来稀稀疏疏的碎语：原来李老师写得板书是这个意思。任健有些意外，但立刻从容地说：“大家好！我曾经是李老师的学生，弟弟妹妹们，你们一定好好听李老师的话。”小家伙们给予了掌声，我和任健又在教室外聊了一会，身后的教室出奇的静，这些小家伙也不好意思让大哥哥轻看他的“过去”。他现在在学心理咨询，他每年都争取回国看他的小学老师，我不由得想“为什么回来看老师的，总是那些顽皮的熊孩子？”我把这个问题抛给了这些小家伙，一个说：“调皮孩子真实”，一个说：“一定是调皮孩子的身上，老师付出的心更多，他们长大了，就回来看老师，表达感恩！”多有灵性的孩子啊！其实这些话不就是在表达他们的感恩吗？我又问了进来上课的美术老师吕小龙，他也是这么想，可是我心里想，可能调皮的孩子是一些真性情的孩子，表达情感比较直接，或许他们从小内心情感就丰富，希望得到老师的关注，因此才故意捣蛋？原因不是太清楚。总之，多少年了，能回来看望老师的还真是那些挨我批评的熊孩子。

下次，任健再来，一定要好好问他。总之，希望中的“将来”并没有来，而且那么遥远，眼前的“将来”就站在面前。

陪　考

陪考之中认清了自己的责任，父母在孩子面临考验时，首先是陪伴，进而是“打气筒”“助推器”。其实，充当参与的角色，会乐在其中，也会有意外的收获。

女儿说她急需高考作文素材，赶紧上网购买，又说没有时间看，让我讲述，于是一本本翻开看，那汇集了名家巨著的成才道路，世间万物的褒贬臧否，看着、读着，能直观地感受到时代的脉搏。

立身处世的眼光，内容包罗万象，天文地理，古今中外都囊括其中，并有相互独具特色的礼让。《“近人”精神如何超越时代》一文中，提到明清科学家宋应星。“学优则仕”立身于世似乎顺理成章，然而命运无情，宋应星仕途屡屡受挫，愤而弃官，在进士会考的五次跋涉中，发出“为方万里中，何事何物不可闻？”的感叹。在那些在当时上不了台面的农业生产、手工业生产中，追求规律，并整理成著，他的《天工开物》成为“中国十七世纪的工业百科全书”。想想当年自己备考中，有关宋应星《天工开物》的历史知识，也只不过是茫茫题海中的一粟，根本没有今天的触动和感悟。而如今人到中年，再来读宋应星编著《天工开物》时的经历，便深感其中之味，一个屡次求学失败的有志青年，怀着沉重的心情，长途跋涉，心灰意冷之时，听着田间的农夫正喊着儿子忙碌着，从他们手中结出的粮食，是民以食为天的天；街头的艺人叫卖着，从她们手中诞生出的产品，是巧手夺天的巧；学子的心目光被深深地吸引，仿佛内心的灵感被唤醒：“为方万里中，何事何物不可闻？”他拟身于田间、作坊，调查其中生产的知识和经验，不断地积累，用多年的观察、走访，研究编著了《天工开物》一书。他同情生活在社会底层的劳动人民，正是这些被士大夫称作愚夫的人，创造了生活，诞生了时代。从他个人的成长经历来看，真是“有志者事竟成”，只要有“专注”必然有“成就”，上帝为我们关上一扇门时，一定会打开一扇窗的，古往今来为必然。

放弃名利的追求，更能让人追求事物的本真。当年，宋应星写书，他一定是无关于名利仕途的。季羡林是我们公认的文学大师，然而他三拒资深教授的称号，只潜心于研究。他热衷梵文国学，拒绝一切名号，想必也是为了真正让自己寻得文化的本真，而保留一方净土，真正的大师，应该都是这样的，乐在追求学问的本真中，而这本真所绽放的光彩就是让世人仰望的、独特的人格魅力，并足以让世人传扬，他们的学术成就也必将惠及子孙后代。在专注中，在不刻意的追求中，不经意间，便达到了人生最美的境界。

看来，我只需专注于自己应该做好的事情中，不再瞻前顾后，又何来焦虑？

要做美德少年

今天早晨终于举行升旗仪式了，孩子们早早来了，自己组稿，自己找服装，自己选拔同学领诵、排演动作，好棒啊！这是成长带来的喜悦。张赵佳怡负责总指挥，她提要求简单扼要，从容淡定，孩子们反而很听她的。

春寒料峭，北风刺骨，真的很冷，可是孩子们为了能让队伍整齐，自发穿上了校服，很多孩子的校服已经小了，但是还是在寒风中坚持，事后我仔细看了拍的照片，开始站队的时候，都懂得苏索着身体，但是到了台上，都能昂首挺胸，真的很敬佩我的这些孩子们。关键时刻，能够以大局为重，能把集体的利益放到第一位。

下课了，我问辛悦舜："舜子，看你台下冻得直打哆嗦，上台怎么不冷了？"他说："上台后，我就忘了。"也可能跟演讲的主题有关系吧，我们要做"美德少年"嘛！当然不能在台上出怂样！台下的老师很多朝他们竖大拇指的。真的很为他们高兴。想想上周周五下午本来没有课，和孩子们一起训练了两节课，操场上站得腿都酸了，看来付出真的没有白费，在孩子们那里的付出，永远有意想不到的收获，这是教师工作的幸福吧！

紧张的一周就在庄重的升旗仪式之后开始了。

李老师来讲座（一）

李老师是负责指导我们学校教研工作的区教研室教研员老师，她白白净净，说话慢条斯理，普通话极标准，言谈中没有丝毫的“青普味儿”。很爱笑，一笑便露出洁白整齐的牙齿，令人感觉很亲切。

中午托管安排了下午的课程和值日放学。就开始了教研工作，这次的成绩分析和计划地传达，专门请来了区里的教研员李丽老师，每个年级的教研组长都谈了自己年级的成绩分析、存在的问题及改进的措施。虽然每学期都要进行这件事，但是今天感觉收获特别大，教研员老师的指导，能够针对要点，比如分析成绩一定要借助电脑的数据分析体系，进行科学的分析、比较得出各项内容，掌握学生的基本情况。从数据中，发现“双基”做得比较好，积累运用部分，通过期末突击可以很快地提高数据，但是整体提优感觉薄弱，我想提优主要还是阅读作文能力有欠缺，归根结底，还是要尽快提高学生语文的核心素养，并在课堂和练习中提高教学效率和课堂品质，从而提高语文的各项能力。李老师又谈到，各年级都是谈自己的成绩和教学是否能进行衔接，比如，三年级谈到的钢笔字不宜总是擦改、涂抹，那么针对这一缺陷，一二年级的老师就应该在铅笔字书写当中，想策略减少橡皮擦的涂改。这里就是可以衔接的点。

我用心听了李老师关于新学期的教研计划，德育和各个学科相融合的一体化课堂使德育工作又被提高到了一个新的高度。想想二十年前学校的德育建设是很成规模的，后来，被定为说教类，被忽视，被搁弃，二十年了，一代人成长起来，显然显示了弊端。作为老师，尤其语文老师，其实在教授课文当中，德育教育都是贯穿其中的。当然重视归重视，德育教育的最高境界还是在课堂中，在活动中，在教育的各个角落、各个场合如行云流水般的融入其中，于无形中成大器，外化于形，内化于心。确实需要我们结合当前的社会背景和孩子们的成长环境，找到适合的方法和策略。这是一个新的值得研究的课题。

另外，数字化和教学深入融合也是当前教育为了和网络社会步调一致进行的改进。

最后，李老师鼓励大家，每个教师都有自己的优势和教学的个性，都会发挥出对孩子们有益处的优势。

一个下午很快就过去了，教研结束了，我们期待下次李老师的来访。

李老师来讲座（二）

本周一，李老师又要来做讲座，说说怎样在整合中开展“基于提升语文核心素养，调高品质课堂的策略研究”。因为陪读高考，我的睡眠严重不足，听讲座，估计又要和瞌睡进行斗争。李老师很忙，因此开会特意向后拖了，我早早来到多媒体教室，桌子被摆成了四方井，不管坐在哪里，主席台上的人都可以一目了然。一旦瞌睡，掩饰起来都困难。

李老师来了！她打开课件，今天的题目是生本品质课堂之“基于可心素养的品质教学策略研究”，重视语用实践，落实核心素养。“语用实践”，这个词语，我听得不多，原来，是在语言的运用中提高语文核心素养。李老师把语文核心素养用一个大大的圆圈框了起来，让我们知道了基础是语言建构和运用。所以重视语用实践，是提高语文核心素养的出发点。

这里，李莉老师举了一个例子，一篇短文的理解，卢芳老师谈出了自己独特的理解，受到了李老师的表扬，她深有感触地说：“语文教学没有模板，目光要放远，您自己就是模板，任何课改，都没有固定标准，只要能调动学生的积极参与，就可以大量地实践、试验，并在总结中提高……”。教无定法，原来就是这种状况。一语点破，让人眼前豁然开朗。一边听，一边记录并思考，困意早就消逝得无影无踪了。

“语感”，也是语文学习的一个高境界，若是语感强，便能很快、很准确地把握作者的用意，不但能够答好题目，也能更快地从阅读中获取有用的东西。还能提高阅读效率，服务于孩子们的终身阅读。叶圣陶关于语感的论述：对于语言文字灵敏的感觉，通常叫作语感。他说："不了解一个字一个词的意义和情味，单靠翻字典、辞典是不够的。必须在日常生活中随时留意，得到真实的经验，对于语言文字才会有正确丰富的理解力，换句话说，对于语言文字才会有灵敏的感觉。这种感觉通常叫作'语感'。"

语文老师在课堂上，不仅要感受情感，更要引领学生在说、读、写中，充分体验，只有这样，才能培养语感，并在大量的积累和体验中(如大量阅读，大声朗诵，熟练背诵，仿写，写作)使思维能力，也就是抽象和概括的能力得到提升。

李老师此次就核心素养之一和之二，进行了阐述，她在讲解中，旁征博引，激情四射，平易近人，深深地感染了我，并使我大开眼界，用前沿理论指导一线教师的实践工作，起到了引领的作用，不然我们很容易停留在原地，甚至误入歧途，误人子弟，这就不是小事情了，作为老教师，还能够在学习中有所感悟，吸纳新知识，的确让人感觉愉快，并心生希望，难怪瞌睡虫都被赶跑了呢！

学习是内心深处所需要的，因为不论什么时候，人的心灵是需要成长的，成长的养料就是不断地学习。

不能占用体育课

今天因为调课，连续上课，真的有些累，但是孩子们对连续上语文课是明显有抵触的，这点可以理解，以前的我对此无法理解，但是自从我女儿跟我说，五六年级的时候，老师用他们的体育课上语文指导，她是非常气愤的，又不敢说，还偷偷地哭了几次！居然哭了，居然记到现在！可见孩子们有多珍视户外活动！我们大人又何尝不是这样呢？人本来就属于大自然，如果哪天孩子们真的不愿意出门，只想在家里待着，那才是最可怕的事情。

于是我改成上品社课，大家收集资料，谈自己出游的见闻，孩子们热情还是挺高涨的，很多孩子已经能够对资料的筛选和整合有了自己的见解。特别是合作学习，更能调动全员参与的积极性。我觉得即使是毕业班，也不应占用孩子们拓展知识、户外活动的时间。下午几个调皮鬼怂恿说是表现好，要出去活动，我也就应允了。他们虽调皮但很听老师的话，这就够了。

准备充分的品社课

今天是周三，学校对毕业班的听课蹲点已经接近尾声，我们做了充分地准备，有的小组负责收集展示我们的邻国日本、韩国和泰国的知识，孩子们准备得很充分，有的对地理知识感兴趣，做了位置的展示，有的是“吃货”展示了这几个国家的饮食文化，日本的寿司、茶艺。通过研究，发现这些都来自中国，但是日本人善于改良，把起源于中国的文化进行发扬并沿袭下来，成为他们民族的特色。孩子们的图片展示，我觉得最精彩，最直观。茶艺的跪式，规矩的严格，都表达着艺术的最高境界来自于人心里的沉静。这是日本。

泰国呢？是佛教王国，尖而耸立的建筑，金碧辉煌的装饰，体现着这个国家的信仰。尤其辛悦舜今年寒假去了泰国，于是他介绍时很带劲，介绍了出去旅游一定要入乡随俗，尊敬当地的礼仪，才能真正地增长见识。如果大家都这样学习并实践，那我们的国人出国玩就不会给中国人丢脸了。真是读万卷书，行万里路。经过旅游，对于文化的理解就更加深刻。

刘启明在介绍韩国饮食的时候，尤其韩国烧烤，随着介绍，特意做了放大的动画效果，立刻引来了一些唏嘘声，有的甚至发出吸口水的声音。真够夸张的，馋成这样，唉，这个班里，男生多出十几个，他们会经常自豪地标榜自己是吃货。可惜这时候下课的铃声响了，后面的还要介绍俄罗斯、巴基斯坦等五个国家的知识的小组，只能等到下次了展示了，一节意犹未尽的品社课。

电脑高手

为明天的听课，我做了大量的准备，做展示课件的时候，请了庄敏尚进行帮忙。到了六年级，庄敏尚等几个男孩子对电脑文件的制作和处理都相当的有水平了，尤其上次国庆节要在短时间内合唱一首有难度的歌曲，就是他把调子和伴奏长短根据同学们的水平进行了制作，而且用的是班级里的旧电脑，其耐心程度和技术熟练度，叫人不可小觑。这点上，孩子们早就超过了我们这些做教师的。青出于蓝，一定是胜于蓝的。真的好喜欢这样的男孩子，也很感恩，不过心生些许的遗憾，他们马上就毕业走了。孩子们确实像校园大树上的那些喜鹊，长大了，羽翼丰满了，就要飞走了。

其实被听课并不可怕

今天的第二节课，领导终于来听了我的“推门课”，级部里的其他老师都被点过了，语文就剩下我——语文组年龄最大的老教师。多少年了，一说要来听课，我心里就会有种莫名的紧张和恐惧，就感觉掉到了冰窟窿里，总是怕记不住教案，总是怕哪个环节掉了，或者做好的课件没有考到教室的电脑上……左思右想，以至于睡不着觉，满脑子的教案和怎么组织问题。其实我仔细琢磨，我上课还是能够讲得不错的，但是由于心态或者心理素质的问题，导致很多时候不愿意出头露面讲公开课。为此我苦恼了很多年，前不久，因为职称的事情，逼得自己重新面对这个棘手的问题，通过上网查询了解到，原来我这种表现叫作交际恐惧症，就是当着众人说话，总是怕错，越是怕，越是出错，一旦出错，就会觉得无地自容，以此恶性循环，造成表达障碍。我在阅读毕淑敏的《女心理师》这本小说时初次正面此症，小说中有个经常上电视的大领导，隐姓埋名地来到诊所看病，就是因为他长期被交际恐惧症困扰，以至于干扰到他继续进步，于是来找心理师。机遇总是要面临挑战的，如果这种挑战需要让我面对众人讲话，陷入那种令人呼吸不畅的紧张恐惧中，我宁可失去在别人看来难得的机遇。如此几次，岁月便把人的进取和拓展磨灭了，时间长了，自己也会认定自己就是那个不行的人，不愿意走出家门，不喜欢人多的场合。

真的要突破自己了，我渴望成长！有了这样对自我的挑战，生活就不再浑浑噩噩的了，我找来很多心理素养训练的书籍，通过阅读果然开窍不少。

当放下一切重担的时候，时光就变得很美好！

课前早几天我就知道领导要来，以前我总是巴望着他们不要来，如果能逃掉最好，或者实在耐不住压力，就去跟人家说，自己有多不容易，别来了，如此这般，很让人费尽心思。即使备课，也进不去，精力总是不能集中起来，算了，待会再弄，先去做饭，真要做饭了，还是心神不宁；还是备课吧，总不能让领导批评，当着学生的面出丑。就像那些坐不住的小学生，这就是我常常说他们的"恶性循环"呀！但是这次呢！我早早地就把教案和课件拿了出来，不断地修改，并请精通电脑的学生帮助制作课件的细节。一切井然有序，一切又顺理成章。

课上，我把课文分成三个紧张的时刻，分别是：当德国军官点燃蜡烛时；当半截蜡烛重新点燃，时间一分一秒地过去时；当蜡烛越来越短时。请孩子们选择一个时刻来体会如何通过人物的细致描写来刻画人物内心，从而达到指导细描刻画人物，情节环环相扣的写作方法。孩子们按照他们准备的，进行了合作学习，鸿宇队的詹博帆、郝可欣、高子涵和王嘉桐都是我们班的学习高手，他们凑在一起，应该不会让人失望。果然，他们选择体会第一个紧张环节，本来我觉得他们能够从动词语言描写中体会人物的镇定、勇敢、机智就完全可以了，但是他们居然层层递进，除了指出细描的词语，并做到有层次、有重点，把平时交给的答题方法也融会贯通其中，还把"轻轻把蜡烛吹熄了，一场危机似乎过去了"这句话在全文中起到了承上启下的作用也进行了分析，为后文的险象环生做了铺垫。我于是很自然地引入了下面的教学内容，真好，"生本课堂"在尊重孩子们的学习中，教师同时也获得了轻松愉快的教学氛围。

教与学互相效力，这是我在课堂教学中感到最让人兴奋高兴的事情，每当这时，我都会给予孩子们特别的鼓励。但是以往这令人高兴的时刻，都是一闪而过，没有记下来，消失殆尽，以后要记下来，留得今后不断回味。回味幸福、回味快乐，让课堂上的孩子们和我的思想的火花照亮我的讲台。

最后一个最危险的时刻到来了，蜡烛越来越短，离着毁灭也将越来越近，怎么办？空气似乎凝结，突然，黑夜里闪现了生命的希望，“海鸥小队”来表演这令人窒息的时刻。只见德国军官小胖郭丰宁大摇大摆地坐在了椅了上，小女儿杰奎琳由张赵佳怡扮演，真是难为这位“女汉子”。表演的时候，她一改平时风风火火的做派，假装娇滴滴的样子，表演时还时不时地眨巴着“天真无邪”的大眼睛，真是像极了那个看上去娇弱实际上勇敢机智的小姑娘杰奎琳。优秀的张赵佳怡，不愧是我们的大队长，果然在关键时刻能够独当一面。只见她端来了一盏从家里带来的烛台道具，她眨着天真纯净的大眼睛，娇声对德国人说：“司令官先生，填完了，楼上黑，我可以拿一盏灯上楼睡觉吗？”小胖瞧了瞧面前的小姑娘，故作威武地说：“当然可以。我家也有一个你这么大的小女儿。”小姑娘镇定地把烛台端起来，向几位军官道晚安，小张同学还加上了和妈妈、哥哥道晚安的情节。正当这时，旁白响起来了：“正当她踏上最后一级楼梯时，蜡烛熄灭了。”情报终于保住了，表演成功了，不但没有像平时那样笑场，而且都进入了角色。同学们报以热烈的掌声。孩子们在关键时刻，还真能挺得住。既然表演这么好，我又改变了原来的教学导语，“你们的表演这么成功是怎么做到的？”于是同学们又谈了自己的体会：“紧张的气氛，妈妈哥哥这时的无奈，都能衬托小女儿的聪明机智勇敢，我们很敬佩她。”原来如此。我也很敬佩你们，我亲爱的孩子们，关键时刻，你们不怯场，不笑场，把自己的学习成果用了表演的形式展示出来，学得扎实，演得生动。很了不起。那份庄重中，分明也有着上好班级公开课的责任感和集体荣誉感，甚而有不给老师丢脸的仗义。很感恩你们啊！

推门课结束了，校长和主任很高兴，对孩子们和老师配合的默契、回答问题时的有条理和重点突出进行了表扬，教学工作历来是一门遗憾的艺术，哪能没有问题呢？领导的表扬，其实是对我的爱护，我们是爱的学校，我们的领导总是给予我们专业上的鼓励和引领，尤其我身边的年轻教师，在这种氛围里成长地很快！很感恩他们对我的爱！在他们的鼓励中，我们愿意更真诚地面对自己的工作。

真的，真诚地为孩子们付出，他们是不会让我们失望的。了结了一块心事，但是我却没有了往日的兴奋，面对这样一群可爱好学的孩子，尤其他们的仗义，那份独属于老师的爱，我必须每一堂课都要尽心尽力地琢磨，教好，让她们有更多的能力感受学习的快乐。

现在附上小张的关于她在这次表演的心理描写片段：

一场扣人心弦的公开课

小学最后一次的公开课，的确非常重要，这令整节课的气氛都不免有些沉重，更何况这篇课文中的气氛都那么紧张……

我们小组选择的场景是最后生死攸关的时刻。刚上台的时候，浑身都不自在，手也不知道该往哪放了，望着老师那期待的表情，肾上腺素急速上升。终于我们表演开始了，一切都那么顺畅，状态也渐入佳境。但在这时，郭子突然忘词了，看着他那迷茫的小眼神，只能干着急。幸好在短暂而又尴尬的那一刻的最后，队友的及时救场化解了危机，但是当我轻轻端起那半截蜡烛时，手一抖，险些掉了。表演结束后，最重要的体会也为整段发言锦上添花，但看到任课老师的笑容时，眉头也渐渐舒展开，也不由得长舒了一口气……

申报个人课题

今天领了教师个人课题，课题研究必须要有广泛的教学资源作为研究和实践基础。源于对六年级下册第二单元的课文的整合和精讲，在备课过程中，作为老师自己也很受启发和教育。这三篇课文分别是文5《卢沟桥烽火》、文6《半截蜡烛》、文7《聂将军和日本小姑娘》。都是关于第二次世界大战的历史和故事，字里行间渗透着浓浓的爱国主义情怀，对爱国主义精神中所折射出的英勇顽强，机智勇敢，至仁至义表达了强烈的赞美之情。怎样在课文的学习中更好地让学生感受并崇尚对祖国的热爱，对自由、对和平的向往？我做了精心的设计并感受到了其中良好的教学效果。

首先把三篇课文针对内容和地域的差距，做了重新的整合：《半截蜡烛》生动描述了在第二次世界大战期间，参与秘密情报传递工作的伯诺德夫人母子三人与突然闯进的德国军官斗智斗勇，巧妙周旋，并最终保全了情报站的事，赞扬了母子三人的机智勇敢和强烈的爱国主义精神。这篇文章是对学生进行爱国主义教育的生动素材。如何让学生从人物的细致描写中，感受语言带来的身临其境，还是孩子们给了我很多启示。

和冷校长关于百分百的满意率进行了谈话，冷校长让我做班主任的讲话。我前面说到了，真的，不能再沉溺于自我感觉的小天地里，是时候突破自己的那点恐惧了。当人把目标定位的高远，想做更有意义的事情时，便会抛开那些挟制。不寻求成长的心灵，就像房间没有窗户，阳光透不进来。

五 个 哨 兵

今天是周二，每个周二的下午第七节都是我的活动课，这些孩子很渴望在操场玩耍，玩永远不够。

因为什么忘了，我进教室有些晚，奇怪，今天的教室鸦雀无声，我心里有些感动，虽然身后有隐隐的窃笑，但是对这来之不易的安静，不由得发出鼓励："在老师不在的时候，能够全班都如此安静，感觉大家长大了，懂事了。"那窃笑声逐渐大了起来。我还是高兴地说："既然大家在这件事情上有进步，老师也就履行诺言，下去玩吧。"耶，欢呼声立即响起。大家很激动地走向了操场。尤其那个辛悦舜掩饰不住地高兴。

可是，没过几天，任课老师又来找上门了，某某又调皮了，又在课堂上随意接话，挑逗大家，引起哄堂大笑。并告知一个秘密，原来，为了周二能够出去玩，这些男孩，特意设了几个暗哨，居然有五个人，当然还是最调皮的郭丰宁、胡德镛、金子敬、辛悦舜和周名扬。他们分别守在老师经过的走廊、拐角、大厅，大厅里有面镜子，正好可以站在老师见不到的地方观看老师的动向，难怪我隐约记得我一踏出办公室的门，便有一个小脑袋往回一闪，狡黠的笑也随之消失呢！唉，这些孩子！真不省心啊！不过回头一想，可能到了六年级学习的时间长了起来，因此孩子们便更加渴望能在操场上玩耍。

我们都可以有的教育故事

接到了冷校长的小翅膀:“亲,在?”我赶紧放下手头的事情,跑到校长室,原来青岛市市南区工会要在三八妇女节,在微信平台上推送一批优秀教师的教育故事,冷校长想到了我,以往我会推辞再三,但是这次不同了,我很高兴我的教育故事能够被更多的人阅读,我的那些教育随笔,能够让更多的人感悟幼小心灵给我们的爱和启示。尽管事务缠身,有那么多杂七杂八的事情要做,我也很乐意参与。我积极地准备稿子,那些教育随笔中的小故事,都是我和孩子们心灵的互感,互动。爱的心弦,在交织中互动,所弹奏的乐曲,最本真,最动听。

我一下子把和孩子们牵手的故事,搬了上去。结果平台要求要三百字,以第三人称进行介绍。我这样写道:

她曾经是孤独症儿童“小石头”的班主任,带领“洪利班组”的老师们用爱心叩开孤独的心扉,在社会上引起了巨大的反响,师爱塑造灵魂——“以爱育爱,爱中成长”的办学理念,自此而始。她就是在教育战线默默耕耘了近三十年的语文兼班主任教师,青岛市市南区金门路小学的李洪利老师。

“没有人是伟大的,但是我们可以用伟大的爱造就平凡的事。”李洪利老师就是在爱的教育中,在平凡的岗位上,成就着孩子们的未来。她常年坚持写教育随笔,文章多次在《快读》《父母课堂》《中国教师报》上发表。她用爱启迪孩子们的智慧和情感,她的学生中有近20篇习作在刊物上发表。她和爸爸妈妈们牵手,给予他们亲人般的关爱,刊登在《父母课堂》的故事:《您要和老师多沟通》

讲述着她帮助孩子的妈妈解开心结，共同探究教育孩子的良方，使孩子重新获得自信和勇气的故事；她和孩子们牵手，放飞一个个梦想。

当年的“小石头”已经成为香港浸会大学的金融系博士，他的理想是做一名大学老师。他常来看望他的李老师，感恩青岛市市南区金门路小学的老师们给予他的关爱。如今的李洪利老师，依然坚守着这方爱的校园。“随风潜入夜，润物细无声。”她用温润的师爱，滋润孩子们的心灵，在牵手中，感受和孩子们一起成长的快乐，感受做教师的幸福。

又和孩子们一起拍了一张拔河的集体照片。希望能够采纳，让人们都看看我可爱的孩子们。

工作必须得法

开学一个月了，这几天特别忙碌，可以说从来没有过的忙，奇怪，真正忙起来，人是不觉得累的，但是一回到家，便成了散了架的机器，转不动了。困乏到看着手机睡着了都不知道。

这么累，工作似乎应该有不同寻常的成效，可是事与愿违，并不如人意。

教学上，赶着学了好几篇课文，学习《词两首》时，孩子们预习充分，自己查阅参考书，加之问题简单明了，即两首词主要写了什么？表达了怎样的情感？以此为主线，从情感体验入手，在读中，感悟作者为抒发情感在诗中用词用句的精妙，由情带学，由学促情，并在感悟当中，穿插着对写作方法、对作者生平的了解，以促进对话词意境和情感的深入理解。当然，以上这些学习，都由是孩子们自己和小组成员提前交流、准备、展示来组成的。由一个小组来带动全班的学习，最先上来展示的小组，依照老师事先布置的学习任务流程展示学习成果。再由全班学生来补充、提问、互动，达到对课文的理解，对语言文学的把握。

在课堂上会生成许多精彩的语段，例如，在学习李清照的《如梦令》时，小魏同学就“争渡，争渡”读出自己的体会：在着急中，作者表达了投身自然地情趣，和少女无忧无虑的生活状态。接着，又有苗苗和张赵起来反驳：我认为，是作者不想离开，而尽情地挥洒，玩性大开，流连忘返。

显然，孩子课前都做了认真的预习、准备，到底谁的正确呢。其实，寥寥数字的古诗词，流传至今，除了她本身韵律上的优美，更吸引人的应当是古诗词留给后人的想象的空间，随着诵读，随着理解，走进诗词的意境中，这才是古诗词真正的魅力。

要感谢孩子们，他们把在课前材料的梳理、对人生的感悟，以及平时积累的阅读经历融汇起来，对诗词产生独到的理解。好几次让我感动，感动于成长，感动于那些对知识的执着，感动于对小组负责任的荣誉感。

当然教与学在课堂上的实践，从来不完美，台上的孩子展示，如果没有互动，台下的孩子就容易走神。除非台上的孩子表演有趣的“节目”，否则台下的孩子很容易注意力分散，觉着别的小组展示和他们没有多大关系。

这就是小组学习中容易出现的问题，如何带动和互动的问题，我想，在问题和缺憾之中，寻求方法，寻求答案的过程，恰恰是“生本课堂，提升语文核心修养”的实践基础，在教学不断的完善中，使学生受益。

我想，解决这个问题，可以让学生多在质疑及补充中做准备，并作为预习要求，小组学习中可以针对这些问题抓重点，精简程序，留出时间质疑。以后可以进行尝试，看看效果如何。

再有作业的问题，我尝试先订正再批改，这样孩子们的正确率可以得到提升。但是还有些懒惰的孩子，只给自己的作业打上对勾，一大片红对勾倒是好看了，可是我在批阅时，发现错误没有进行改正，这样一来，我提前的讲述岂不白费！

回想起来，也难怪孩子们会得过且过，进入春天，活动便多起来：区运动会训练、合唱队排练、足球训练等，他们的心早就飞出了教室，所有的题目讲解，都使人感觉枯燥而艰涩。加之课程进度太快，有些内容一知半解，只求速度，难保质量，教学还真是不能急于求成。

周五中午，我好不容易有点空闲，安排妥当后，出门办事。回来后，便听数学老师反映，有两个孩子音乐课没上，在教学区域奔跑，大闹腾一节课！校长、主任一起来“告状”，这还得了？我强压住愤怒，让全班孩子共同商量惩罚方法。有的说停止一个月体育课，有的说写检讨……最后决定不让他们活动，这种方法最能触动这些调皮鬼。

我就想，为什么大道理说了一箩筐，还是不管用？有些孩子做事不计后果，因为没有后果可承担，所以要完善班级管理制度，并能够把奖罚落到实处。另外，也应当顺应天性，想起那“五个哨兵”的事，其实孩子最简单，他们感觉最幸福的事就是走出教室痛痛快快地踢球、玩耍。说千道万，好的管理制度要能够顺应天性，并能够感受遵守制度的受益。通过遵守纪律，获得玩的机会，最有成就感！唉，制定制度的班队会还是要开，把“能玩”与“不能玩”作为最有意义的标准。“玩”对孩子们是最需要的！

因为下午辛悦舜到楼顶的事，有两个老师来反映，确实太不安全了。我给他妈妈打了电话，他还很不服气，说是帮同学找卷子。为什么这孩子那么热衷于别人的事情？每天在校园里转悠，因为连续数学、语文考试成绩没有起色，孩子感觉没有面子，学习就这样了。有几次考得好，同学们都说他是抄的，这极大地伤害了他的自尊心。其实，这就是打分数、排名次、公布名次的弊端，成绩好的总是遥遥领先，学得艰难的总是垫底。一旦成绩公之于众，后进的、排前的就都得到了大家的认可。

名次排在前面的孩子，容易骄傲自满，而排在后面的孩子，一旦认定了自己落后的局面，对我们教育者来说才是最糟糕的。如果一个孩子认为自己很差，没有希望，哪里还有改变的动力？面对失去动力的孩子，任由我们着急，也无济于事。对于这些年龄小，承受能力差，脆弱敏感的孩子，怎能承受一次又一次的打击？真切的体会，觉得小学不排名次，不写分数，其实很有道理，我们不能做那个螳螂捕蝉中的吴王，只顾眼前利益，忘记其后的隐患。眼光要放得远一些。

其实，好学生不用教，学得慢的孩子，有了进步，那才真正是教师工作的成绩。

在探索语文教学中的成长

古诗教学中成就语文教学专业成长

把古诗的学习融于语文活动中

你看，二年级古诗活动展示课开始了，在古诗乐园里，孩子们正在兴趣盎然的进行古诗接龙，一条条诗龙腾空而起，一首首古诗流淌而出。赛诗争花中，孩子们竞争激烈，体现了学习古诗的热情。小老师岳泽民又是领读，又是发问，把学习古诗的气氛推向高潮，这节课中孩子们共积累了近七十首写水的古诗并学习了两首新诗，专家们、家长们对孩子们精彩的表现给予了高度的评价。看着孩子们兴奋的笑脸，那日日夜夜为完善教案进行的反反复复的修改，以及所有的付出都在这一刻显得那样值得，那样幸福。更可贵的是我们收获的不仅仅是一节课的成功，它是在教育理论和教科研领域相结合的再创造，是语文教研组的领导和老师们共同默契合作的结晶。在新年的钟声里，在大雪纷飞的夜晚里，在亲人团聚欢笑时，我们坚守着岗位，我们承受着压力。回想起来，过程是那样的艰辛，然而这其中所凝聚的真挚的友情，智慧的火花，彻夜的无眠，学生的信任，都如同一颗颗明亮的星星将永远闪烁在记忆的夜空里。

听课后，我们一起聆听了青岛市教研中心主任张兴堂老师的讲话，得到了他充分地肯定，激发情趣是学习古诗教学的出发点。

古诗教学中实践专业化成长
——播种　耕耘　收获

摘要：2004年9月青岛市市南区金门路小学成为教师专业化发展学校，以校本培训为基点，以教育科研为领路(教研室领导，老师们专向指导)，以教育理论为指导(和青岛职业技术学校签订教师心理发展为研究主题的教师发展学校)，这一切使我深深地感受到，我们教学质量的提升有了肥沃的土壤。

关键词：科研引路，理论指导

播　种

如何在科研引路、理论结合的道路中，走出自己的教学专长，形成自己的特色，耕耘出教学的一片新天地，这是我对专业化发展的思考，更是我在这片沃土上播种的希望。

回想十几年的从教生涯，虽说也算是个“老”教师，若真有人问：“你积累了多少可行的经验？”也许我还能答出一二，但若要问：“你在教学中擅长什么？有什么创新？什么是你的教学风格？”我还真得思量半天。是啊，古人常说，学有所长，那么我是不是也应该教有所长呢？想一想，还真是挺可悲的。多年来，只知教，不知思，只知工作，不善总结，又如何能有所提高，有所创新，当然更没有自信谈及专长，谈及风格。而当我面临校本培训中的教学互访：预约—准备—个案—研讨；每月一次的上课—反思，说课—提问，整理—提高，再实践—再反思。这种浓厚的教学与培训一体的氛围，使我感受到我是这样迫切地需求更深的研究，渴求在更广阔的田野里播种。

耕　耘

终日里忙忙碌碌的工作、生活，很难有心境深入、广阔地整理反思自己的教学，当然也没有参与发现、挖掘、回顾、提高的土壤。而自从参与2004年9月开始的古诗教学诵读活动之后，我便开始了一种不同的教学经历。

一节古诗《风》的教学课把我引入了校本培训的“预约—准备—个案—研讨”合作教学研讨机制中。

一开始很不情愿，讲古诗，课程资源少，学生年龄小，极具挑战。学校领导体察到了我的心思，巧妙地给予了心理指导：“古诗教学虽难，但框子少，能教出自己的特色。”一句话，提醒了我，是啊，我为什么不能以一个研究者、参与者的心态，来面临自己的教学呢？心理状态调整好了，教案的初稿很快就出来了。

但习惯于运用自己已有的教学经验，并借鉴教学参考书的教学思路的我只在教案中安排了一个又一个周到的教学环节。缺乏创新，拘泥于教学程序的课堂怎么会有活力呢？经过教研组领导及老师们共同合作、研讨和提炼，我们大胆地把古诗课的和古诗本身所具有的魅力相结合，课堂上，我抛开以往上课前背环节、记过程的思想枷锁，以谜语激趣，和学生共同欣赏，品味，诵读，扩展，创作。尤其感人的是孩子们丰富的想象使风生动、形象起来。你听：“风儿叫醒了浪花。”“风儿在哪儿？风在冻结的冰面上。风在风扇的转动里。风在扬起的风帆上。风在花儿的笑脸里。风在飘舞的树叶间，风在浪花的脚步里，风在……”多美妙的诗句。你相信吗？这都是孩子们课堂上的即兴创作。

我记得校本培训中，教授们曾经说过这样一句话："当你把学习的权利还给学生，还他们想象的空间，还他们说话的权利，甚至给他们犯错的机会时，你会发现孩子们的心里蕴藏着无穷的学习潜力，智慧的火花是那么耀眼……"是啊，当我把学生作为自己的学习伙伴，和他们一起共享故事的意境美，韵律美，画面美时，我的心感动着，进一步感受着古诗的独特魅力。这种感觉来自于和孩子们的交流与共鸣。

课后，在与教育科学研究所冷主任及教授们的研讨中，我自然地谈到了对古诗学习及教学的见解，冷主任及教授们并没有泛泛地谈及优点及缺点，而是从教科研的高度，探讨了教师与学生的心理，课堂与生活的联系，使我能站在语文教学根植于生活，服务于将来的理念上，从新审视自己的教学：尊重感受，培养兴趣，激发灵感，升华灵魂。这难道不是我应该追求的目标？这难道不应该成为我的教学风格吗？在工作中发现，在教学中创新，我深深地享受到做教师的幸福。

研讨中，我和老师们一起找到了不足，领导和教授们针对具体的教学细节，结合现代语文教学理念，给予了切合实际的教学指。更可贵的是我们不仅得到一节课的研讨，而且有机会把自己平时教学育人的困惑及疑问提出来，大家尽情地交流，不知不觉中，午饭时间都错过了，我们都浑然不觉。那次教研一体的培训，领导和教授们平和的学术态度，朴实的研究作风，使我至今难忘……

收　　获

反思的目的是为了再提高，反思之后更渴望有实践的机会，渴望结出丰硕的果实。

有幸的是，这之后，在2005年年初，我又承担了我校青岛市古诗诵读现场会的古诗教学任务。因为想拓展古诗乐园的内容，左思右想，选择了水的主题，但是写水的古诗太少了，左筛右选，定下了《望庐山瀑布》(新课已结束，不是教材内容)，便照着《风》的教学思路进行了试讲。

通过和专家、教研员老师共同探讨，我们认识到：学期末，孩子们已经背诵了大量的古诗，并有了一定的鉴赏能力，就应当在课堂上给他们展示的机会，而没必要只就一首古诗再赏再读。对呀，学生的学习成果不就是老师的收获吗？树立了正确的教学理念，古诗的教学课堂便又充满了活力。

“宝剑锋自磨砺出，梅花香自苦寒来。”到这时，我才真正领会了这句话的含义。

探索、创新的道路永无止境，愿我在校本培训中，不断地反思，成长。

备注：本篇曾于2005年6月收编于《成长中的智慧》(黑龙江教育出版社)中，并获得2005年青岛市教育教学优秀成果奖，三等奖。

《古诗乐园——水》简案

执教人：李洪利　　　　　　　　　　2006年1月

教材简析	本节课是在学生已经掌握24首古诗的基础上进一步学习怎样积累古诗及提高学习古诗的兴趣
教学目标	1.怎样积累古诗；
	2.提高学生学习古诗的兴趣；
	3.掌握古诗的诵读方法，学会初步鉴赏古诗

续上表

教学过程
一、导入新课 学生欣赏水的图片。老师：你们看到什么样的水？学生答。老师：人类，大自然一时一刻都离不开水，水千姿百态，变化多端，今天，我们积累，欣赏关于水的古诗。 二、积累课内有关水的古诗 赛诗竞花——学生就课内写水的古诗进行竞赛。教师进行总结。 三、积累课外有关水的古诗 各小组组长带领组员积累课外关于水的古诗。 四、带领学生赏析他们喜爱的关于水的古诗 从其中推荐两首古诗，第一首由老师带领学生赏析古诗，第二首由学生运用老师渗透的方法带领学生学习。 五、总结 老师：时光如流水，同学们还打算用什么样的话题来积累和欣赏古诗呢？学生答。老师：好，在以后的古诗乐园里，我们就以同学们感兴趣的话题来积累和欣赏古诗。下一个古诗乐园再见

古诗《风》的教案

一、猜谜导入

老师：今天，老师请大家猜谜语：

生来本无形，走动便有声。

夏天无它热，冬天有它冷。

学生：风。

老师：对，风这种自然现象在世界的每一个角落里都有可能存在。从古至今，许多人写风，画风，今天我们就来学习一首古诗：《风》。

板书：风。

二、赏诗

老师:请同学们边欣赏边思考诗中写了几个地方的风?

出示课件:解落三秋叶,能开二月花。过江千尺浪,如竹万竿斜。

学生:秋风,春风,狂风。

老师板书。

三、风吹动季节的变化,有时她轻柔,有时她狂躁,有时她似温暖的手,有时似寒冷的刀。你喜欢什么样的风?读出风的样子。

指导朗读。

请同学们连起来读,读出风不同的样子。

请大家闭上眼睛,一边听,一边想象,你仿佛看到、听到、闻到了什么?

是啊,一句句诗向我们舒展出一幅幅美丽的画卷。同学们伴随着美丽的画面一起背诵这首古诗:《风》。

四、这是古人描写的风,老师这里也有一首诗:

风在哪儿?

风在花儿开放的笑脸里。

风在哪儿?

风在柳枝摇摆的舞姿里。

老师:风还在哪儿?请同学们说。学生创作诗。老师给予即时评价。

同学们,我们一同创作了一首现代的风之歌。

五、展示学生对古诗学习的体验。

巧设作业，激发兴趣

随着新课改的实施，新课程标准下，语文教学的任务已转变为首先关注每一个学生的情感、态度、价值观和创新能力的发展，为每个学生的终身可持续发展奠定良好的基础。课堂教学从传统的集中于语文的内容方面，转变到语文的过程方面，其核心是给学生提供机会、创造机会，让每个学生在生动具体的情境中都参与语文，亲自体验语文的生存和发展过程，通过学生自己动手去做，通过积极主动的探索去建立自己的理解和意义，在自身活动的过程中学习和理解语文，掌握语文知识和技术应用的方法与途径。教学时，教师应善于从学生的生活经验和已有的知识背景出发，为学生提供充足的进行语文实践活动和交流的机会，努力改变传统的单一的学习方式，即从单一、被动的学习方式，向自主探索、合作交流、操作实践的学习方式转变，要充分注意学生创新能力的培养。当然，创新并非仅仅是一个时髦的名词，更不是脱离实际而臆想的东西，它是建立在打破常规基础之上的改进和突破。就语文而言，在教材内容、教学目标改革的同时，对学生的学习要求、检测方法、过程评估、结果评估及教学手段均应实现同步改革，而这样做的目的，是为了让学生进一步了解语文的内涵，培养他们的语文兴趣，从“枯燥乏味”中解脱出来。现代教育更使我们日益明晰一个事实：我们学生的思维不仅仅是一个单纯的容器，更是一枚等待被点燃的火种。这火种一经点燃，其产生的热力和张力都将是无可抵御的。通过巧设语文作业激发学习语文的兴趣，将是有效的途径之一。

以前,我发现对语文作业的形式表示出了大体一致的看法——呆板。的确,就我个人而言,我布置的语文作业(包括课外作业、家庭作业),不外乎完成《语文练习本》《词语手册》,课文重点字词熟记,课文重点段落背诵,偶尔找点《同步》中的内容……不得不承认,这几种语文作业的样式远远背离了语文学科的多重性和丰富性。长此以往,不但会使学生对语文学科养成一种程式化的对待模式,尤其对于现代这些精力四射,思想活跃,喜欢新奇的孩子们来说,语文的学习变得枯燥乏味,也必将消磨学生对该门学科的兴趣,从而使学生总体的语文水平于不知不觉中不断下降。

说明传统的语文教学已将同学们对作业的概念引入了一个死胡同,其根本原因则是由于对学生的评价是由考试分数来唯一确定的。修订后的语文课程标准对学生的评价建议作了更科学、更广泛、更合理的说明,全面考察学生的学习状况,激励学生的学习热情,树立学习语文的自信心,促进学生全面发展。既要有书面的作业和考试,还要考查学生思维的深刻性及与他人合作交流的情况,也可以开展长周期的作业方式。“兴趣是最好的老师”,等到学生对教师布置的作业产生了浓厚的兴趣,自觉地把完成语文作业当作一项乐趣,并积极地在创造性活动中追求更大的愉悦时,可以说我们的教学已取得了不小的成功。

如何在现实的教学中设计出既能激发学生思维的火花又颇具趣味性的语文作业类型呢?我认为,由学生自主完成贴近生活的开放性语文作业,是实现这一目标的一个重要途径。创新教育下的作业应该成为学生表现自我、实现自我、超越自我的一个平台,成为教学各环节中最具有活力的一项。因此,布置作业必须鼓励学生主动探求新知识，既能对知识进行巩固，又要培养学生养成多动脑、勤于思考的习惯。而所谓的语文作业中的趣味性，指的是该类型作业有利于学生集中注意力，保持饱满的学习热情，从而自觉提高语文作业完成质量，培养学生良好的兴趣和爱好，最终使学生形成在快乐中做，在做中乐学的良性循环。

综上各点，对作业题要敢于突破，让学生的多种感官都有效参与活动，听、说、读、写、作、思互相配合、相互协作，这样既可以提高学生做作业的乐趣，也可培养学生多方面的能力。

（一）积累性作业

新课程标准提出：要充分激发学生的主动意识和进取精神，因为学生是学习的主人，发展的主体。自主学习是基础，若能长久地让学生主动地学，学有所得，那他会越学越爱学。如学《蝙蝠和雷达》一文之前，我要求学生通过阅读有关书籍、上网等方式搜集生活中和动物有关系的发明创造。结果，学生对此非常感兴趣，搜集的资料很多，有精确的数据、有趣的事例、触目惊心的图片等。这一作业训练，不仅培养了学生搜集、整理、吸收信息的能力，而且使学生认识到了观察和探索的重要性，并为学好课文打下了坚实的基础。再如，学了《美丽的集邮册》后，我带来了自己的集邮册，并教给大家简单的集邮知识，学期结束以后又召开了一次展评活动。在这过程中，既充分调动了学生的多种感官，让他们自己去观察，去体验，又培养了他们的动手能力、创新能力。另外，让学生自己设计作业也是培养学生自主的训练策略之一。如在一个单元的课文学完后，我指导学生自行出卷。学生的积极性很高，钻研书本，相互讨论。对题型的新意及重点的把握都令人吃惊，主体性得到了充分的激发。同时，在出卷过程中，学生掌握了更多的知识。这样的积累性作业，如同一朵朵斑斓的小花，散发着迷人的芬芳，"勤劳的小蜜蜂"自然会乐此不疲。

（二）实践性作业

新课程认为："语文是实践性很强的课程，应着重培养学生的语文实践能力，而培养这种能力的主要途径也应是语文实践。"可见，我们应该让学生更多地直接接触语文材料，结合生活实际，在大量的语文实践中掌握运用语文的规律；为学生创设真实的或虚拟的交际环境，指导他们去实战演习，让他们充分利用生活，使之获得现代社会所需要的语文实践能力。如本学期，孩子们上了高年级，更多的有了自己的主见，对于自己不能接受的事物会进行拒绝。然而怎样拒绝别人，又要表现的有礼貌呢？我建议学生收集这样的词语或者语句，创设情境，创作小剧本，自己选演员，当导演，进行排练。在喜闻乐见的情境中，学会表达、组织语言。再比如，面对校园里随意丢弃的垃圾，我建议学生给全校同学写一封建议书，呼吁大家都要讲究卫生、爱护校园、美化校园。再如给出差在外的爸爸、妈妈或远方的亲戚写一封信，诉说思念之情，谈谈自己的学习、生活情况；为自己竞选班干部，准备好演说词；节日期间去外公外婆家，送去一份祝福；还可以结合周围发生的事情，感悟生活的变化。例如，在青岛举办奥帆赛期间，采访青岛的变化，模拟举行一个小小新闻发布会……让学生学以致用，把课内知识与语言表达有机结合起来，又能培养学生与人交往、了解社会的能力。

（三）拓展性作业

爱因斯坦说："想象力比知识更重要，因为知识是有限的，而想象力则概括着一切，推动着世界的进步"。世界上很多发明和创新，都是从"想"开始的。所以教师在设计作业时，要彻底屏弃机械重复的"题海式"训练，精心设计一些有利于培养学生创新思维能力的"拓展性作业"。应植根于现实，拓宽语文学习和运用的领域，注重跨学科的学习，使学生在不同内容和方法的相互交叉、渗透和整合中开阔视野，提高学习效率。如我们中华民族的诗歌博大精深，"言有尽而意无穷"，它留给学生的想象空间十分广阔。学习古诗，对诗歌意境进行探讨，学生们往往会浮想联翩。如《暮江吟》的作业设计，我是这样安排的：根据古诗表现的内容、意境、情感，为古诗配画。这项作业，既给学生展示绘画技能的空间，又让学生插上想象的翅膀，入情入境，拓展了古诗意境，又能品味出诗中蕴含的思想感情。学生们的答案丰富多彩，再也不是冷冰冰的了。死记硬背与这种作业的效果是无法相比的。再如：《狼和小羊》文章我们可以创编不同形式的故事结尾：猎人来了救了小羊；狼撞到了石头上，死了；小羊一闪，躲到一边，狼扑了个空，掉到河里……先请学生充分展开想象，然后互相交流、讨论，最后再结合自己所思所说续写一则小故事。这样的作业调动了学生参与的积极性，同时也培养了学生的创新思维。

（四）合作性作业

语文教学活动过程中，教师应是学习的组织者、引导者和合作者，不仅要向学生营造积极、和谐的学习氛围，还要给学生提供合作交流、动手实践、自主探索等语文活动的机会；不仅要关注学生语文学习的水平，更要关注学生们在语文活动中所表现出来的情感、态度和综合能力，挖掘他们的语文潜力，形成正确的语文观和价值观。积极倡导合作的学习方式是语文课程标准的重要理念。让学生采用小组合作学习的形式，群策群力完成作业，能有效地培养学生的合作意识、创新精神。如为庆祝奥运会吉祥物的诞生，合作出一份手抄报，并进行评比。小组内成员从版面设计、选择材料到誊写、美化，分工合作，齐心合力。图文并茂、色彩鲜艳的一张张小报便在他们手里诞生了。再如小组排练课本剧《公仪休拒收礼物》《将相和》等，小设计师、小导演个个有模有样，道具、服装等一些细小的环节也毫不含糊。演员们个个兴致勃勃，不管语言还是动作都精益求精，表演十分精彩，观众们看得也兴致盎然。一张张表情丰富的脸面似乎在告诉我：这样的作业我们爱做！可操作性强且十分具有挑战性的作业，学生们怎么会不乐于完成呢！

（五）阶梯性作业

“有一千个读者就有一千个哈姆雷特”。可见，学生存在着认知水平、学习兴趣的差异，个人感受和独特体验的不同。如果作业一刀切的话，会导致优生不“优”，差生太“差”。因为对优生来说，这些轻而易举的作业根本不能激发他们进一步探索、求知的欲望。后进生，会望难生畏，久而久之，以“不会”为借口搪塞老师。因此，要让学生根据自身情况有选择性地完成作业。如学习《黄果树瀑布》一文，可设计作业超市：①有感情地朗读课文。②摘录文中的好词佳句，背诵下来。③为黄果树瀑布的美丽风光设计一条广告语。④为旅游公司的王导游写一份介绍黄果树瀑布的解说词。让学生根据自身的知识水平和学习能力有选择性地完成。这样，不仅调动了优生的积极性，也保证了差生的学习兴趣，做到两头兼顾。

各类突破常规性思维的作业类型，都很明显地着力于激发学生对语文学习的兴趣，激起灵逸的思维之光，引触巨大的乐趣。相信只要我们的教师多花点时间和精力，我们的语文作业就可以布置得如此美妙多姿，让学生欲拒还迎，欲罢而不能。

通过尝试，我也深深地体会到，开放的小学语文作业的确可以成为学生主动探索、愉快体验、展示个性和大胆创新的乐园。

在阅读中提升语文学科素养之初见

阅读是获取知识的重要手段。学生在学校主要是通过老师引导学习书本知识。阅读方法的掌握与否，直接影响获取知识的质与量。同时，阅读也是一种较复杂的智力活动，学生在阅读过程中，如果能够运用合理的方法，随着阅读去进行分析、综合、判断、推理、抽象、概括等思维活动，则对于他们的智力发展有着十分重要的意义。然而，合理的阅读方法，并不是天然形成的，而是在阅读实践中，经过不断地积累和总结逐步形成的。在这个形成的过程中，教师作为学生阅读的指导者，必须对学生阅读过程的一般特点有足够的了解，并能够根据这些特点，结合学生阅读过程中表现出来的个体差异，对学生进行针对性的指导，以便使学生尽快地掌握良好的阅读方法，提高阅读效果。

一、小学生的阅读特点

小学生的阅读，是人生阅读学习的起始阶段，是"一张白纸画最新最美画图"的良机，但也极易被不慎的笔墨涂损。小学生阅读的启蒙性及系列性主要是从识字、词到句、到段、到篇。无论是语言形式还是思想内容，必须循序渐进，才有利于掌握系统知识，但由于学生年龄小，欠缺生活经验，更不具有足够的知识储备，所以，小学生的阅读需要精心、具体地培养和指导。由于小学生受自身心理特点的制约，个性倾向性还不够稳定。表现在他们模仿性强而欠持久，兴趣易发生而很少专注，好动情感而缺乏意志，易于感知而难于抽象；他们并未掌握读书方法，形成读书习惯，即使上了高年级，已具备的方法和习惯也带有易变性。因此，我们必须认真对待每节阅读课的方法指导。

二、小学生阅读的一般步骤

小学生的阅读，并不仅仅是为了理解读物的思想内容，吸取知识、体味情感、欣赏语言等。更重要的是学会阅读，掌握阅读方法，目前小学语文教学改革的热点也就集中在学法的指导上。

学生阅读一篇文章的常规方法是按下列步骤进行的：

（1）初读。通过全文，了解全文大意，利用工具书，结合上、下文自学字词，这样让学生从整体上初步把握文章的内容，同时也对文章的语言、结构、写作目的有一个大致了解，为进一步深入理解课文打下基础。

（2）精读。按自然段边读边想。弄清句与句之间、段与段之间的关系，进而掌握文章的中心思想。做到读懂内容，理清思路，通绕全文。在阅读中发现问题，提出疑难，深入思考，解惑释疑。同时对课文的重点段落和美词佳句仔细揣摩，体味文章的思想感情，分析文章的表现形式和写作技巧，吸取文章的精华，进一步对全文加深理解。

（3）悟读。学生的阅读往往只是停留在字面或文章的表面感受上，并不能做到“真知”读。如《穷人》一文，这篇课文通篇除了题目外，再找不到一个“穷”字，然而字里行间处处反映穷人的贫穷和困苦；全文也没有一个“美”字，而文章通篇赞美了穷人之间互相关心、互相帮助的美好情感；文章没有直接描述当时黑暗社会制度，而通篇却无情地揭露了不公平的社会制度对穷人的残酷剥削。学生要理解、体会出这些思想内容，只凭故事内容是不会捕捉到的，而要透过语言文字，进行深入思考，从中悟出作者真正的目的。

(4)熟读。学生在理解文章的基础上要多读，达到熟能成诵，然后进行消化，使课文的语言变成自己的语言。尤其对那些词句优美、文质兼优的课文或段落，应让沉重熟读成诵。以便在自己的写作中也恰如其分地套用或仿写。

三、小学生阅读的指导方法

在语文教学中，检验成功与否的秘诀就是看教师是否教会了学生“点石成金”的方法。

1.阅读要明确目的

在阅读中学习什么，即达到什么样的结果，也就是阅读目的。阅读目的对整个阅读起定向作用。它自始至终指导着阅读的进行，直至达到预想的结果。目前，学生阅读一篇文章，没有目的，不少儿童读课外书，只能了解一些热闹的情节；在阅读上，也是老师读到哪里，听到哪里，只会完成老师指定的活动，不知道为什么要这样做。于是始终处于被动地位，因而在阅读结束后也无法自我评价阅读效果。因此，教师在每次阅读教学中都应使学生明确该次阅读的目的是什么。这样，才能使学生有法可寻地主动学习。

阅读目的确定不同的层次水平。一般说来，有以记诵问题解决的结果为主的记忆水平；有希望能够理解并在相似的文章中运用所学知识的模仿水平；还有使所学知识达到举一反三的灵活运用水平。阅读能力差的学生，一般都处在前两种水平上。如分析一篇文章的结构，有的学生只知该文分了几个段落，甚至把各段段意也背了下来，他认为这样做，就是掌握了文章的内容结构。还有的同学从某一篇文章的分析中掌握了某种“格式”，如这篇文章是依据每个段落开头所揭示的表示时间的词语来分段的。这样，他遇到类似的文章也会如法炮制。但是这种迁移的广泛程度是有极大限制的，因为这个学生掌握的“格式”只是事物外在形式的联系，而外在形式并非本质的东西。还有的同学则是从事物的内在联系中来认识文章段落的逻辑关系，从而弄清作者的写作意图和表达方法。

不同层次水平的阅读，其效果当然是迥然不同的，教师必须注意指导学生确立较高层次水平的阅读目的。如有一位教师在讲《再见了，亲人》一课中的“雪中送炭”一词时，设计了三层要求：理解本义(字面义)；理解一般含义(比喻句)；理解在本课中使用的意义、作用和本义。在隆冬风雪严寒中，有人送来炽热的炭火的一般含义：当处于危难艰苦的情况时，有人给以强有力的支援。当学生理解到这一步时，教师不该停止而要继续引导学生读文，从前文中体会到“带着全村妇女”这需要做一番动员组织工作；“顶着打糕”需付出一番艰苦紧张的劳动；“冒着炮火”有一番生命受到威胁的经历。在联系上下文，理解志愿军感动地流泪的原因。这样完成一个对词语的解释，不但有利于深刻理解课文，体会人物思想感情，而且对词语本身的认识也是深刻而灵活的。指导学生确立明确的阅读目的，能使学生对阅读对象和自己的知识准备有足够的了解。同时也能把教师的教学要求转化为个人的目的，这样自发和引导相结合，不但有利于课堂上掌握知识，也能直接培养学生的自学能力。

2. 阅读要注意过程

学生阅读的过程，就是利用旧知掌握新知，同化更新知识的过程。只重视学生的阅读结果，不注重了解学生获取这个结果经历了怎样的过程是不行的。有位老师在引导学生给《草原》一文分段，教师问本课分几段？按什么分？几个同学发言后，教师发现他们的分段起止都不一样，并且各抒己见，争论不休，教师便说：“同学们的意见不一致，可参看课后练习题的提示，为了同课后问题保持一致，我们将课文分5段。”其实学生按写景叙事分两段也是完全正确的。这样，老师只是“为了同课后问题保持一致”而机械地把答案扔给学生，并没有发挥其主导作用，及时反馈调节自己的指导方法，而是让学生盲目地猜测、争论、等待，虽然课堂气氛也活跃，但实际上是扼杀了学生的多向思维能力，剥夺了学生的主体地位。

学生阅读的任务是理解课文，并在理解课文的基础上逐步学会阅读。我们的阅读教学应指导学生完成这一任务为出发点和归宿，应引导学生沿着合理的过程完成阅读。并意识到这个过程正是学生达到预想结果的保证，是形成正确阅读方法的必由之路。

我们还以分段为例来探讨什么是合理的阅读过程。如分析《詹天佑》一课的段落结构，一位老师引导的步骤是这样的：

①理解全文的整体内容和中心思想；

②分析作者为表现中心思想记叙了哪些方面的事实；

③根据这几个方面的事实，研究作者行文的结构；

④认识作者怎样把这些事实联结为一篇完整而有条理的文章。

我们觉得，这位老师的教学过程给学生指出了一条合理的思路，也就是设计了一个阅读文章分析其结构的合理过程，它的正确与合理表现在：

（1）引导学生沿着整体—部分—整体的途径认识理解课文。

课文的任何部分都是相对于整体而存在，都是为了共同完成整体目标而存在，离开了整体部分便失去了存在意义和可能。课文的段落是服从于整篇文章的构思的，从篇的角度着眼分析段落，可以统观全局，认识段与段之间和段落与全篇之间的内在联系，形成了有机分析，避免了单纯着眼与“分”所造成的机械切割，这篇文章是通过“不怕外国人嘲笑”主持和亲自参与修筑京张铁路两个方面的事实，来表现詹天佑爱国和杰出才能的优秀品质。有的学生在预习时把课文分成六段，错误地将课文第三段又分为了“勘测线路”“开凿隧道”“设计人字形线路”三段，就是没有从全篇角度考虑，把从属于“整体”的一部分机械地按照“设计的发展顺序”进行了切割，导致了并列层次的混乱现象。后来，这些学生在老师的引导下，改变了思考方法，纠正了错误。这一转变，不仅使他们得到了正确的结果，更重要的是使他们学会了思考，形成了正确的阅读过程，有利于培养他们正确的认识客观事物的能力。

（2）不以求得结果为唯一目的，而是通过认识文章和文章所表现的事物内部联系，实现提高学生分析问题、解决问题的长远目标。给文章划分段落从阅读教学的整体过程来看，它是手段而不是目的，是通过给文章分段，训练学生认识文章结构而培养他们认识事物的能力。如经常进行这种训练和培养不但有效地提高了学生的逻辑思维活动，也使他们自我意识到：正确的阅读结果，有赖于正确的阅读过程。

3.阅读要勤于思考

阅读的核心是理解，而理解要依靠思考。有许多知识需要记忆储存内容，但记忆不能代替思考，目前，有的学生错误地认为语文就是背记，有的教师的阅读指导也有过渡偏重记忆的现象；也有的老师精心设计了阅读训练，但由于混淆了理解和记忆，使那些本应成为思考训练的设计仍然变成了知识记忆，这是不行的。一位老师在讲《林海》一课时，为了加深学生对课文内容和写作特点的理解和掌握，给“岭”“林”“花”各层意思都设计了填空练习，用幻灯投影，让学生口答笔记，如“岭”一层课文的练习是这样的：这部分先讲________后讲________重点讲________。“多”字作者从两方面进行描述：①从________方面；②从________方面。作者还运用了________和________的修辞手法，表达了作者对兴安岭这个名字________的感受。就这个练习填空题出现的时机而论不符合语文学习的规律。这个练习在细致分析课文之后出现，实际上是希望通过填空来让学生熟记课文内容和写作方法。这样学生用不着去仔细读文，也用不着思考就能完成这个练习。我们认为这种设计不能充分调动学生积极深入地思考。

同样一段课文，另一位老师是这样引导阅读的，他先让学生认真默读这一段，并布置了思考题：①这段话由几个句子组成？是分几层意思来讲的(用序号标出)？②这几层意思之间是什么关系？与第一自然段的内容有什么关系？ 经过一段时间默读，教师组织讨论发言，最后一致认为：本自然段四句话各为一层意思，第一句话是总述，第二、三两句是分述岭式样多、岭多变化，最后一句照应第一句进行总结，点明岭的特点。本段讲兴安岭的温柔与第一自然段说的“亲切舒服”也形成照应。最后教师让学生有情感的读文，从而使学生在读中体会到了句子的拟人意味和作者的思想感情，使学生领略了文章的语感。这样一来，第二位老师费时并不多于第一位老师，但学生学起来兴趣盎然。教师把理解课文内容体会思想感情的工作交给学生自己做，由浅入深、由表及里，学生既需动脑思考，又没有被迫“招供”的压力，调动了学生的学习兴趣。

由此看来，教师的阅读指导，一定要想方设法促使学生“跳起来摘到桃子吃”，这样才能培养他们独立思考的能力。

4.阅读要培养兴趣和习惯

学习兴趣是引起学生主动学习的一种重要因素，一般说来，语文学习较好的学生对语文都有较浓厚的学习兴趣。他们积极主动地学习，课前自觉地预习课文，课堂专心听讲记笔记，课后认真完成作业，复习巩固课堂所学知识，并喜欢阅读课外书籍，有一股好学的钻劲和克服困难的精神。学校这样就逐渐形成了良好的学习习惯。有了良好的学习习惯，有了正确的阅读方法，就会提高阅读效率，获取丰富的知识，而且会进一步激发学生兴趣。

如何在阅读过程中培养学生学习的兴趣和习惯呢？那就是扎扎实实地做好每一堂课的教学工作，精心设计教学程序，在知识教学和能力培养的过程中激发兴趣，形成习惯。

一位老师教《冬眠》一课时，板书完课题，他问：“‘眠’是什么意思？”学生回答是睡觉。又问：“那么冬眠呢？”学生说是冬天睡觉。师若有所思地说：“那我们冬天睡觉就是冬眠了。”学生一阵哄笑，有的急忙纠正说：“冬眠是动物冬天不吃不喝躲起来过冬，就像睡觉一样。”老师风趣地说：“解放战争中，我们的骑兵部队的战马到了冬天都不吃不喝睡觉去了，敌人来了怎么办？”又是一阵开怀大笑。学生在笑声中发现了自己思维和知识的缺陷。于是就产生了究竟什么是冬眠的探究心理。这位老师意味深长地说："关于冬眠，有很多有趣的知识，学了这一课，我们才能明白。"这一短暂的教学谈话，不但涉及了相关科学知识，进行了语言和思维训练，而且寓知识和能力培养于生动活泼的教学之中。不但使学生兴趣盎然，而且激发他们继续求知的欲望。学生有了浓厚的学习兴趣，才能使学习变为自觉的行动，这种自觉的行动就是初步形成的良好的学习习惯。

总之，知识来源于实践，学习方法也是在实践中形成的。阅读方法的掌握与否，是检验阅读教学成功与否的试金石。因此，我们的语文教学绝不是单纯的传授知识，还应"授人以渔"，这样才能真正达到语文教学的目的。

调整课堂教学是幼小衔接的关键

在校期间学生参与最多、时间最长的活动就是课堂教学，因此，要使学生尽快地适应学校的生活就必须对课堂教学进行相应的有效的调整，这是能否做好幼小衔接工作的关键。教师应从以下几个方面进行努力。

（一）建立以学生为主的教学模式，激发学生对课堂学习的主动参与意识。

根据学生的认知特点、接受方式以及学习动机，改革教学方法、教学结构以及教学手段，做到动手操作，形体演示与口头语言表达相结合。学生在幼儿园时以游戏为主要活动，进入学校之后，常常大量的时间是用来倾听教师的讲解和口头语言表达自己的想法，而四肢则处于一种相对闲置的状态，这种变化普遍使初入学的学生感到不适应，于是，一些令教师头痛的纪律问题也随之产生。尤其那些心理患有障碍性病的孩子，如孤独症、多动症的孩子，更不容易适应突然改变的环境，他们会在课堂上突然站起来，甚至离开座位，大声吵嚷，无缘无故地发笑，不停地转动身体，其他的孩子也会跟后面的学生讲话，或自顾自做小动作，尽管教师一再强调要遵守纪律，甚至指名道姓，也没什么效果，针对学生的这种现象，教师应采取动手操作、形体演示与口头语言表达相结合的方法，在保证学生口头表达能力得到训练的条件下，尽可能地使好动的学生有机会放松四肢，运动肢体，例如：在教授句型“我们用什么做了什么”时，教师先发给每位学生一张纸，纸上画有许多圆，教师要求学生在圆上添几笔，画成一个物体，然后站起来回答："我用圆画了一个什么，什么怎么样。"学生在课堂上反应很强烈，有的画完站起来说："我用圆画了个太阳，太阳又红又亮。"整节课气氛活跃，教学效果也好。在不放弃训练学生口头表达能力的基础上，结合动手操作和形体演示的方法，不仅为学生创造了一个愉快的学习环境，而且化解了一年级学生注意力容易分散，课堂纪律问题突出，教学效果常常不够理想的矛盾。

拼音是一年级语文学习的重点，也是难点，为了让学生正确区别形近字母和读准后鼻音，教师让学生课前把p-q，d-b，n-u，ing-in，eng-en，这几对容易混淆的字母，用硬纸板做成卡片，上课时，学生边拿边念，边翻面，有时教师念出音，让学生找，找到了举起来，比赛哪个找得又快又对，学生对这个比赛很感兴趣，他们参与其中，每个人都是运动员，大家争相抢答，加之教师给予适当的鼓励，会使所有的孩子都产生由衷的成就感，这时一个有爱心的教师，同样把机会给予那些有特殊需要的孩子，这机会对他们来说，也许更宝贵，在热烈浓厚的气氛中掌握了看似枯燥的知识，并有效地锻炼了孩子们的心理素质，逐渐地使他们对在学校学习产生浓厚的兴趣。

（二）改变课堂提问方式，运用儿童化的教学手段，灵活地组织课堂教学。

一个低年级教师更要非常注意课堂提问的技巧，努力使每一次提问都有能启发学生积极的思考，而不仅仅是重复老师讲过的内容，这对发展学生的思维能力是十分重要的，教师应当考虑到全班学生认知能力的差异，在提问时尽量照顾不同层次学生的特点，让每一名学生都能在课堂上有自我表现的机会，与提问密切相关的评价对于学习动机不甚明确的一年级学生来说是极为重要的，积极的、鼓励性的评价会激发学生对学校学习的兴趣从而进一步主动发展思维，而消极的、批评性的评价，则会使学生产生挫折感受和自卑感受，从而对学校学习形成厌烦、逃避的态度。例如：在教授“东南西北，左右上下，坐立跑走，前后来去”这十六个生字时，由小朋友们上台来，认读自己手中的生字宝宝，在相应的拼音下面给生字找到自己的家，孩子们纷纷踊跃参与。这样就比直接提问生字的拼音，更能激发孩子们的参与意识。有的小朋友给生字找错了“家门”，老师提示可以再次帮助“生字宝宝”，直到找到为止，并多读上几遍，既能使这个孩子不至于受到打击，还能帮助其掌握正确的读音。在课堂上，教师对学生的回答无论对还是错，始终以作正面鼓励的评价为主，回答错误或者不完整，教师不能仅仅给予一个简单的否定，而是在肯定学生大胆表达自己见解的同时，提示学生在某一方面再作一些思考，教师宽容、平和的态度对学生的学习积极性产生了很大的影响，他们踊跃举手，对教师安排的教学活动表现出强烈的参与欲望。

对于身心活跃的儿童来讲，几十分钟面对一块黑板和上面呆板的白字是无论如何中也耐不住性子的，教师在设计、选择儿童化的教学手段方面应当多做尝试，例如：在教授常识性的课文《雪地里的小画家》时，教师首先出示“茫茫雪原”，然后伴随欢快的音乐边朗读边出现用图片做成的小鸡、小狗、小马的脚印，板书用图片代替文字，学生会被眼前的情境牢牢地吸引住。还有在课文讲读过程中，教师让学生先听课文配乐录音，指导朗读后，将学生体会感情读课文的情况再录下来，放给大家听，评出最佳朗读者，这样不但学到了知识，还激发了学生朗读的兴趣，除了录音、图片外，教师还可根据教学的实际需要合理地安排课件、录像等内容，以保证学生能始终兴趣盎然地参加课堂学习。

一名教师在课堂上如果只采取自己讲学生答的方式，那么学生参与课堂活动的意识再强也无法获得充分参与的机会，教师在课堂教学中可采取二人组、四人组、六人组以至二十五人大组为单位的组织形式，组织形式不同，但目的都在于最大可能地给每位学生设计直接参与学习活动的机会，比如，教师提出一个有一定难度的问题让前后桌的四位学生一起讨论，然后推举一名学生参加全班的讨论，当一名学生回答问题时，下面至少有三名学生感觉就像自己在回答。数学课，教师让两学生上台做速算，除了要求下面学生一起演算外，教师把全班分为两大组，分别为台上的同学鼓劲。课堂学习组织形式的转换，克服了课堂学习容易产生的沉闷现象，活跃了课堂气氛，调动了学生的参与积极性。

（三）教学时间的合理安排。

学生刚入学时，不能适应40分钟一节课的长时间久坐，教师应当把新授课安排前25分钟内完成，再安排5~10分钟的课间休息，做做游戏及课间体操，学生们听着音乐，口里念着儿歌，另外，结合课堂教学的内容，编小儿歌、谜语，孩子们可以一边读，一边根据节拍自然地摆动身体，舒展四肢，大脑的疲劳能得到很好的调节。

教师在给一年级学生上课时节奏感要明快，不要拖泥带水，随意加内容，另外不能拖堂，给孩子们充分的休息时间和准备时间，自从踏进校门那天起，孩子们娱乐的时间就越来越少了，教师更应当把那点仅有的课间十分钟归还给他们。

做好一年级课堂教学工作不仅是幼小衔接的重要环节，而且也是小学素质教育整体结构的基础，在这个领域里还需要我们不断地探索和实践。

写生活，做文章
——改进教学环节，激发写作兴趣

论文提纲

前言

一、如何实现习作教学目的：激发兴趣，展开想象；发挥创造性，丰富习作内容，写出真情实感。

二、改进习作教学环节：灵活式命题，开拓式指导，求实式批改，激励式讲评。

结束语

语文新课程标准关于习作提出如下具体要求：小学低年级可以练习写话。一般从中年级开始学习作文。对要练习的文体也做了要求：要练习写简单的记叙文，还要根据日常需要，练习写观察日记、读书笔记、书信等。

习作教学的目的就是要激发学对生活的热爱，调动学生观察思考和练笔的积极性。要引导学生写熟悉的人、事、景、物，做到说真话，表达真情实感，不说假话、空话；要鼓励学生写想象中的事物，激发他们展开想象和幻想，发挥自己的创造性。为此要改进作文的命题，指导批评和讲评，要加强学生自主拟题作文的练习。习作指导要有利于学生开阔思路，自由表达。讲评要肯定成绩，对有共性的问题，鼓励学生积极参与。批评可采取多种形式、多种方法，尊重学生的意愿，肯定学生的点滴进步，讲求实效。要初步培养学生自己修改习作的能力。概括起来，习作的目的就是：激发兴趣，展开想象，发挥创造性，丰富习作内容，写出真情实感。改进习作教学环节(抓好四个环节)，即：灵活式命题，开拓式指导，求实式批改，激励式讲评。

一、激发兴趣，展开想象；发挥创造性，丰富习作内容，写出真情实感。

(一)激发兴趣，展开想象。

《新课程标准》指出："应发挥学生的潜力，创造各种机会，激发学生习作兴趣。"下面就中年级学生习作兴趣培养，谈四点做法：

1.消除恐惧感是培养作文兴趣的前提。

"作文难，作文难，一见作文心就烦，"这是目前小学生普遍存在的心理状态。《心理学》指出："具有学习兴趣的学生，会把学习看成是内心的满足，不是当作负担。"所以，作文教学中摆在教师面前的一个首要问题就是消除学生对作文的恐惧感，激发他们的作文兴趣，如教师应告诉他们：作文就是用笔写话把自己看到的、听到的、想到的有意义的内容用文字表达出来，怎么说就怎么写。可以介绍一些中年级学生习作成功的例子，消除恐惧，树立信心。学习想说、敢说、有话说之时，便函是激发学生写作兴趣成功之始。至于习作片断的种种毛病，都是可以指导纠正、逐步提高的。

2.观察积累是培养作文兴趣的基础。

作文的材料来自生活。教师只有引导学生学会观察生活、养成积累素材的习惯，才能解决"写什么"的问题，才能有效地培养作文兴趣。

观察有序，是中年级读段写段训段的重点之一。中年级语文课本，为我们提供了许多按一定顺序观察事物的好文章。只要我们在读段写段教学中，有意识地渗透有序观察事物的知识，并付诸实践，久而久之这种知识就能转化为技能，被学生所接纳、所运用。

观察应该是立体的。只靠“看”来感知事物得到的印象是呆板的、平面的。鲁迅先生说：“对于任何事物的观察必须准确、透彻，才好下笔。”让学生五官开放，眼、耳、鼻、舌手并用，感知的事物才是全面的、透彻的、立体的。

学生习作的另一难点是“有话说不出”。其主要原因是他们语言贫乏，驾驭语言的能力差。这就需要吸收别人的东西，积累丰富的语言材料。多背一些名篇和佳段便是吸收方法之一。如建立《书海拾贝》笔记本，专门收集佳词、佳句、佳段，使学生受益很大。背得多了，积累得多了，就会逐步将规范的语言内化吸收，变为自己的语言，写起作文来得心应手，意到笔随。

3.课堂指导是培养作文兴趣的关键。

(1)把握《新课标》对中年级作文训练要求的尺度，是上好写作指导课极重要的一环。明确《新课标》要求，吃透规律教材，根据班级学生实际，安排训练程序，设计训练坡度让学生一步一步地学。既不要拔高要求使学生望而生畏，也不要降低要求使他们望而生厌。

(2)习作指导宜具体细致，帮助学生纺织一张清晰的思路网，降低难度，使学生感到作文的内容就在眼前，只要自己动脑动笔就能写好作文。对于写作有困难的学生，可以提示他们关键词和主导语。这样让全体学生都感到写作文并不难，乐于动笔。

(3)习作指导要采用学生喜闻乐见的方式。小学生具有好游戏、好模仿、好奇等心理特征。要激发学生说话、写话的兴趣，就得采用直观、形象、多变的形式，以适应学生好说乐写的心理。比如电教媒体的运用等。

（4）体验成功是激发作文兴趣的动力。

讲评时教师要多讲优点，多肯定成绩。程度好、习作佳的同学，可让其上讲台朗读自己的习作，让大家欣赏；程度中等的同学要肯定写得有特色、有进步的句段；程度差的同学则要发现其“闪光点”，哪怕是一个好句，一个好词。最大限度地发掘不同层次学生的习作优点，使全体学生从自己的习作中获得成功的喜悦和乐趣，激起更大的探求欲望。

如果说培养习作兴趣使学生有了提笔的动力，那么培养丰富的想象力就是给这支笔插上翅膀，重视对学生进行合情理的想象力培养，才是事半功倍，也是极为牢靠的科学途径。爱因斯坦就曾这样归纳过自己的终生所学：“想象力比智力更主要，因为知识是有限的，而想象则是概括着世界上的一切。”

培养发展学生的想象力要着眼于强调自主意识。即在螺旋中求取进步，比如作文练习中的补写、扩写、续写等。如写《暑假中的一件趣事》，不少学生写暑假中和家人一起到大海里游泳的事，内容基本上是：自己开始不会，经爸爸告诉怎么游，自己一试学会了，爸爸笑了，自己也笑了，内容显得单调乏味。于是教师就把这样的作文写在黑板上让学生结合实际和想象，情境扩写，自己不会游泳出现了什么情况，爸爸来教会说什么做什么，自己受到了启发，怎么想的做了什么，周围的环境等等，学生一边想一边说，很快便写出了学游泳时所见、所闻、所想，真切体验到想象实际上来源于生活，而且是使文章生动具体的最有效的途径。又如练习补写、续写时可要求学生敢想敢写，不求合情合理，给学生足够的释放想象的空间。

培养想象力要努力将课文与写作结合起来。比如学《古井》之后试写借物喻理的文章，解除“小人物”写大道理的禁锢，武可雨同学在写蜡烛时这样写道：“蜡烛点燃了，蜡油滴滴，火苗闪闪，无声无息，毫无怨言地把光明献给我，时间慢慢过去，不知为什么，蜡烛已是泪流成行。”“瞧啊，多微弱，柔和的一柱光明，一点温暖，都是那燃烧自己照亮别人的红蜡尽自己最大的努力在牺牲着自己；火苗越来越旺而蜡烛却越来越逐渐的，逐渐的……到没有。”多感人啊，孩子们完全有能力通过想象挖掘事物的思想内涵。

另外，在看图作文中强化画面上所没有的反映，图画给了孩子们最直接最形象的想象空间，可使学生参与，展开竞争。

(二)发挥创造性，丰富习作内容，写出真情实感。

要想发挥学生习作中的创造性，必须变封闭式为开放式，今天的小学生所接触到的东西多了，交际也广了，有很多的新鲜事在学生的脑海里留下烙印。介于此，对学生的作文教学再不能死守成规，应该大胆地开放一下。对学生进行开放式的习作教学可以遵循以下要求。

1.开放式的习作教学要求给学生作文主动性。

以往的习作教学，均是教师安排作文的时间、内容及方式，开放式的习作教学就不同了。首先要赤诚学生自己掌握时间。学生在平时的生活中，在待物、接物时，觉得有话可说，有内容可写了，自然而然会有写作冲动。不论是写人、记事、写景、状物还是其他事务都可以，只要觉得有必要写，就毫不保留地写下来，这样说的是真话，写的是真内容，流露的是真情，就可以引起读者的共鸣。最后要求学生自己掌握作文方式。学生有了题材就自己决定方式，是以日记的形式出现，还是以写提纲的形式，甚至口头讲述也行，不进行限制。

2.开放式的习作教学要求教师教学具有灵活性。

对学生进行开放式的习作教学，就像在社会中与人交往一样，必须灵活处理，首先要求教法的灵活，但并不是让学生随心所欲，乱来一通。主要是要求教师教给学生作文的方法，让他们自己多与社会交往，多多体验生活，诱发出写作欲望。再就是指导上的灵活性。有人会说，这种开放式作文教学没办法去指导，让学生顺其自然随便发展。实则不然，只要教师给学生捕捉生活方法，如何去观察和感受周围的人和事，适当渗透一些作文结构层次的处理方式，学生也就不感到作文吃力了。最后要求讲评的灵活性。学生写的作文，内容各有不同，如何去统一讲评呢？教师还得多花点心血把这些作文分一下类，每类进行评点。只要学生作文有一处闪光点，要即时给予表扬，以增强他们写作的兴趣。还要教给学生自己改评作文的方法，让同学之间互相评改。这样既减轻了教师的担子，也培养了学生的能力。

3.开放式的习作教学还要求教学过程具有一种系统性。

教学过程，教师首先就要考虑周到，可按照交际学常识浅入深地编好教学程序，循序渐进地传授知识。

作家进行创作离不开体验生活，小学生要写好文章也得有生活实践。但许多学生生活比较充实，却难以反映事实情况，或由于缺乏体验，没有感受而认为没什么可写，因此，需让学生平时感知生活、体验认识生活。

4.加强阅读，积累素材。

课外阅读是课堂学习的必要补充和继续，是丰富学生作文内容的主要渠道之一。小学生作文起步，词语片断的积累和谋篇布局的模仿是一种重要途径。在复习阶段，许多老师采用了归类复习，难道作文训练就能归类收集材料吗？如提到写菊花、桂花、荷花、牡丹、迎春花……收集外形特征及品质；写春雨、暴雨、秋雨学写各种雨的不同的特点；小动物则更多，这些都可在前文提到的《书海拾贝》中分类集中体现。这样，就使学生对许多事物有了一定程度的系统了解。

5.观察抓住特点。

人的“灵性”不独来自书本，学生要通过观察来感知丰富多彩的生活，若没有观察，学生就不可能掌握材料，因此无话可写。而学生尤其喜欢写小动物及平时的活动。小动物的文章容易写好，一方面跟他们所学的“资料”有关，另一方面则跟他们平时的接触有关。人人都知道猴子是很机灵的，能模仿人的各种动作，譬如我班有一学生这样写：“猴子是那么喜欢吃桃子。”我认为，这就是他经进仔细观察所得出的结果。虽然从文章篇幅看来，不能令人满意，但他至少避免了“字不够空话凑”的毛病。又如活动是学生最乐意参加的，但活动也是一门很深的艺术课程，如何使他们感受到活动的乐趣及如何把乐趣在纸上反映出来呢？许多学生高兴之余，只能用一句“今天玩得真快乐”之类似语言来结束。这就需要学生注意观察活动的过程，弄清几个步骤之后，还要注意最高兴的一点是什么，同学有何表现，你又有何表现，把握住活动高潮部分，另外几部分稍作点拨就行了。

6.组织比赛，诱发兴趣。

“比赛”这一词，学生并不陌生，而老师越重视学生就越有一种紧迫感。也就是这种感觉使他们的注意高度专注。一次跳绳比赛，这本是一件平常事但学生不这样看，他们迫切希望自己能获得第一，希望自己的小组能获胜，喊、跳、欢笑声把活动推向高潮，获胜的在掌声中走上“领奖台”，输的虽然感到有点惋惜，还是很高兴。这题目对于刚开始学写作文的中年级学生来说未免有点过高，但由于置身于特定的环境，各有感受，且思考的角度不同，不知不觉中已打好了腹稿，许多同学能抓住环境、动作、心理活动来写，心理描写尤其成功。

7.玩中求学即兴作文。

社会上许多人爱赶潮流，其实只要多加留意，学校也有流行的活动。一段时间他们玩玻璃弹，过段时间管吹肥皂泡，再过几天玩“火箭”，及时让他们在玩中学，是一条好途径。当他们尽情地吹肥皂泡时，让他们看看肥皂泡像什么。答案五花八门：像彩色球，像小镜子，能照出人影，两个泡叠在一起像小葫芦，像彩云，飘在水面上，像小船，像小岛，像“大本营”等等。通过合理想象，作文内容就丰富了。又如在教授如何抓住人物的神态细描来描写人物的作文课，教师一开始就板书“味道的表情”一下子激发了孩子们的好奇心，“味道还有表情？”紧接着，让孩子们分别品尝事先准备好的五个装有辣椒水、醋、糖水、花椒水以及白开水的纸杯，要相应地做出不同的表情，让同学们来猜，一轮用正确的表情来表示味道，二轮就可以用错误的表情来猜，在观察表情的同时，也要揣摩表演者的心理，孩子们争先恐后地上来品尝表演，台下的也在全神贯注地观察和猜测，在这个基础上，引导孩子们体会人物的神态和心理活动是相辅相成的，写自己的亲身体验，下笔写起来就容易很多，而且比较生动。

8.丰富内容，端正理解。

没有真实的感受，编出来的往往千篇一律，学生个性、兴趣不同，能力有差别，所以应重视培养学生积极感受生活的能力，充分发挥每一个学生的积极性、创造性、想象能力，让学生从自己的生活中有所发现，有所领悟，从而得到自己的认识，产生自己的感情，就能从自己的生活中发掘有创意的作文内容。学生独立思考，产生自己的见解和感情，将其写出来则使人觉得新鲜，不同一般。例如：学生们的作文经常是写一件事，只是大概写个轮廓，没有细致的描写，读起来干干巴巴，字数也是寥寥几行，可将多年的作文教学经验和我们自己的写作体会告诉学生。写作的真谛其实就是——不但心中有竹，还要笔下生竹，写作写作，写的是生活，做的是文章。在重点的段落，感受最深的地方，应该加上自己全方位、“立体”的感觉，包括心理描写，语言描写，动作描写及神态描写，给它们起了一个简单的名字：“细描四项”。生动的、细致的描写就会使学生的作文生动、耐读，自然就有了字数，不用再费劲的凑，不用再苦恼的数。

二、改进习作教学环节，做到灵活式命题，开拓式指导，求实式批改，激励式讲评。

好的命题，会像鲜花吸蜜蜂那样吸引学生，从而激起学生写作欲望，有利于学生把作文内容写具体。所以新《新课标》要求我们灵活式命题。

1.文题要新。

一般第二学期开始的第一次作文，老师总是让学生写《寒假记事》，这个题目已成定格，学生很难写出新意，爱偷懒的学生还会照抄以前写过的作文。为了激发学生的写作兴趣，应努力使作文的命题有新意。如《除夕之夜》《过新年》《压岁钱》《放焰火》等题目就比较新颖，能吊起学生的写作胃口。

2.要结合学生生活，结合课堂教学。

作文题目只有切合学生的实际，才便于学生展开思路，有话可说，有内容可写。如果离学生的生活实际太远学生只能写几句空话、套话、假话。如《瓜地里的乐趣》，城里的学生没有体验过这种生活，让从未到过城市的农村孩子写《城市见闻》，他们同样望“题”兴叹吧。为了让学生说真话，说实话，说自己想说的话，教师结合老舍先生《我们家的猫》的教学，让学生在充分体会了老舍抓住猫性格上的特点生动地表达了对猫的喜爱之情后，当堂完成了小练笔：我喜爱的小动物。因为学生平时都对自己喜爱的小动物有观察，加之对课堂上所学到的习作方法(如拟人、对比等)，句子联系的方式(如：“说它……可是……”，“若是……就……”来联系两个不同的特点)印象较深，因此很快便完成了小练笔，而且内容十分生动。如辛华香同学这样描述她家的小狗：“我们家的小狗性格实在有些古怪。说它老实吧，它有时候的确很乖，它会趴在沙发上一动不动，过了一会就睡着了，可是它又很淘气，把我的熊娃娃当玩具，又咬又拽，它要是高兴能比人都温柔可亲，用舌头舔你的脸,向你撒娇。若是不高兴啊,就谁都不理睬,躲到一个角落一声不出……”你看这文章读来该多生动,多亲切啊!结合生活、结合教学来命题,使学生乐学乐写,充分提高了教学效率。

说到开拓式指导,最好在课堂上,结合单元写作训练的重点及课文中作文的技能方法完成习作。如上文所提《我们家的猫》第2课时当堂完成小练笔那样,因为课文刚学过,学生容易把握重点便能较为顺利地完成作文。在此基础上请部分学生念作文,其他学生展开讲座交流,找出不足,添补措施,教师再适时穿针引线,适当点拨,教给学生审题及选材等方法,学生便能对实践中出现的问题茅塞顿开,在此基础上,修改审定自己的文章,就有了提高,对如何选材,如何中突出重点,如何写具体等也就容易了。

完成习作的学生往往会十分注重教师对其习作的评价,为了满足这一心理,此时教师的评语应当结合每个学生的个性、特征及思想状况,仔细审阅,斟酌词不达意句子,对症下药,恰如其分,做到求实,方式多样,如鼓励式,抓住闪光点,进行高度评价,鼓励他们更上一层楼。当然零零碎碎的评语、眉批一定要实事求是。如果盲目夸奖,学生盲目骄傲,结果只能适行其反,如批评式。个别学生缺乏端正的写作态度,敷衍了事,这就需要通过评语进行批语教育。但批语式的评语必须注意措辞,婉转地指出问题,切忌板起面孔,严厉指责,以致挫伤学生积极性;同时须为他们指明方向,当好“导游”,画上一个三角符号,如果修改并改善了表达效果,那就在小三角里打上对勾,并相应地给予高一级的评价。既能体现文章不厌百遍改的道理,又能激发孩子们朗读及修改作文的兴趣。

又如抒情式，辛怡静同学在写《一件感人的事》就写了老师如何关心同学，给生病的同学按摩、打水吃药，给学生包书皮等，动作描写细腻、感人，看到学生对生活的细心体验，教师怎能不感动呢，于是写下评语：“多么优美的语句，多么动人的话语，你是位善于观察、感情细腻的好孩子，你感受到老师工作的辛苦，看了你的作文，老师心中感到宽慰，谢谢你的理解，谢谢。”

你看，如此短短几行字不仅完成了作文的批改且加强了师生感情的交流，何乐而不为呢?

最后说到激励式讲评。学生学习兴趣的维持和发展，最主要的是依赖于见到自己的学习成果，并且这些成果受到别人的重视，作文常受表扬的学生越写越好，就是因为他感受到自己的学习成果受到老师和同学们的重视。作文教学中，展示学生的学习成果，大多采用“好花共赏”这一手段。但目前，很多同仁对“好花”要求过高，老是一两个“尖子”的作文欣赏，欣赏面窄，形式单调，只局限于课堂上念念而已，“好花共赏”的功效未能充分发挥。所以“好花”的标准最好依据班级实际水平而论，尽量使欣赏面宽些。开头好，赏开头；结尾好，赏结尾；中差生的一词一句，一个场面，只要写得好或者有进步，都可供欣赏。“赏”的形式尽量多样化，如：老师读、传阅、刊出、引用、寄给家长等。对发表的习作可复印出来，广泛传阅，发挥榜样效应，使学生的作文由一个“专职读者”——老师，扩展到更多的读者。实践证明，阅读、欣赏学生作文对学生兴趣的刺激影响很大。

正如《新课标》所说：“语文是最重要的交际工具。”交际包括口头和书面。而书面交际的能力就得从习作教学中获得，只有根据《新课标》不断科学、有效地探索，才能真正使学生提高习作能力，掌握习作艺术。

参 考 文 献

[1] 九年义务教育全日制小学，《语文新课程标准》.

[2]《阅读与写作》，海燕出版社.

[3]《心理学》，高教版.

备注：本篇曾于2003年9月6日获得全国中小学语文教师“我的作文教改探索”论文大赛中获得一等奖。经过实践和修改，于2015年发表在国家级学术刊物《文教资料》第30期当中。

学校心理健康状况的研究
——小学生心理健康状况的分析及对策

1.前言

教育正走向现代化，学校教育的现代化是其中重要的方面，现代学校教育的显著特征是关注学生的心理发展。目前，我国的教育工作者已逐渐认识到加强青少年心理健康教育的重要性，在过去的一段时间里，社会上一些人似乎对学生过于偏重智育，教师也更多的是帮助学生解决课业问题，而较少注意他们对周围环境，对社会的适应接受能力等一系列心理问题。随着教育改革逐步深化，随着社会对未来人才多方面的需要，以及社会竞争的日益激烈。由应试教育向素质教育转轨，学生心理的健康发展已成为重要的培养目标之一，健康不仅仅是没有疾病和虚弱，而是身体上、心理上和社会上的良好状态(世界卫生组织WHO提出)。对学生心理健康状况的研究也就显得尤为重要。

2.研究的方法与对象

本文所采用的研究方法包括心理测验法、观察法(对个别学生的跟踪观察)、个案研究法。研究对象为在校1~6年级的学生。

3.当前小学生心理健康状况的分析

根据国外专家研究表明，童年期的反社会行为，如逃学、破坏行为、偷窃、心理上的障碍都可预示其成年后的问题，而一个小学生健康的心理素质应当具备独立的坦率、健全的性格，负有责任感，有着良好的情绪状态和人际关系以及适应环境的能力。计划经济向市场经济转轨的变革时代，社会竞争的日益激烈，新出现的

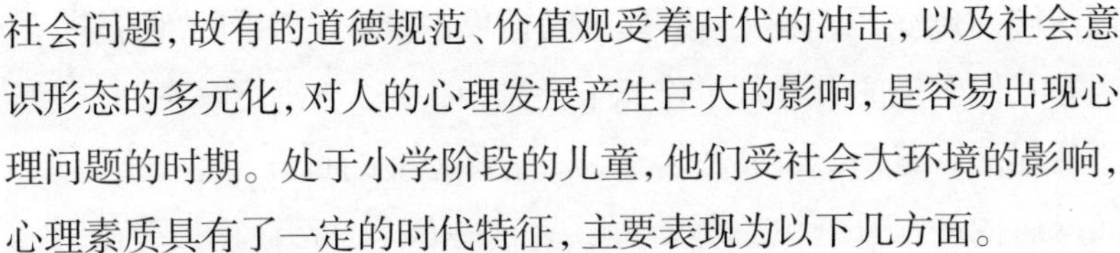

社会问题，故有的道德规范、价值观受着时代的冲击，以及社会意识形态的多元化，对人的心理发展产生巨大的影响，是容易出现心理问题的时期。处于小学阶段的儿童，他们受社会大环境的影响，心理素质具有了一定的时代特征，主要表现为以下几方面。

（1）独立性差依赖心理强，缺乏责任感。

我国目前推行的是计划生育政策，许多父母的精力都用到一个孩子身上。一些家长不让孩子参加任何家务劳动，更甚者还替孩子做作业。当孩子在学习上遇到难题时，家长替他苦思苦想，然后告诉孩子，让孩子把现成的答案抄下来。久而久之，孩子养成懒于动脑动手的坏习惯，对家长产生依赖心理，遇到问题就找家长，丧失了独力解决问题的能力和习惯。有这样一个测试题："你邻居老奶奶突然病倒了，当时只有你一个有在场，你应该怎么办？"几十个四年级的孩子几乎是同样的回答：赶快去找我妈或我爸。有了问题就找妈妈或爸爸，已经成了这些孩子的心理定式。如果这样下去他们便会形成依赖性生格。将来又怎么能够在各方面竞争都很激烈的现代社会生存下去呢？

这种依赖心理一旦形成，必然对自己的行为及行为的后果产生不负责的心理。例如：一个四年级的小女孩，面临期中考试有些焦虑，请看她各妈妈的对话。

女儿：妈妈，我要考试了，您着急不着急呀？

妈妈：这是你的事，我着什么急呀？

女儿：我考不好，您丢人不丢人？您得去开家长会呀！

妈妈：我不丢人，你又不是给我学的！

女儿委屈得大哭起来。这孩子表现出一种逃避心理，她想把责任转嫁给妈妈，让妈妈给自己当挡风的墙，分担她的部分压力。还有我们常见的有些孩子作业不会做，便找爸爸妈妈解决，交上作业后做对了还好，如果做错了，又受到老师的批评，这可不得了，回家后便冲家长一顿“暴风骤雨”。这些孩子总是让家长替自己负责任，久而久之，就会变成一个没有责任心的人。

如果我们的家长采取“我帮你，但不包办代替。”我们的孩子采取“我自己的责任自己承担，自己能做的事，不求家长帮助，需要家长帮助的时候，再提出自己的要求。”这样孩子们的心理就会朝健康的方向发展。

（2）来自学校、家庭的不良因素造成学生心理负担过重。

儿童进入学校后，在新的生活条件下，每个儿童都想使自己成为班上的优秀学生，以便获得同学、教师家长的信任尊重。但学生的个性、能力、智力水平都存在个体差异，教师、家长的单一的甚至高标准的要求与评价标准，使一部分先天素质较差的学生长期体验不到在集体生活中成功的快乐，加之某些教师对一些后进生的轻率的、不恰当的评价，使学生产生的自我评价也就失去了原则性，对自己也失去了正确的衡量，出现不正确的自我评价。另一方面，儿童时期是人的表现欲望最强烈的时期，儿童关注最多的是表现欲能否实现，如果没有正确的外界评价及恰当的自我评价作指导，这两者间的矛盾势必会造成行为结果的事与愿违，使学生产生巨大的负重心理。85%以上的后进生存在类似的心理负重，尤其中高年级学生情况更严重。

心理负担过重，在某些好孩子身上表现较为突出。由于外界教师家长对其期望值高，也就是评价过高，使学生对自己的评价受到外界影响出现误差，认为自己必须事事做教师眼中的“尖子”，不能出现错误，常常担心自己是否优秀，是否成功，事实上摆在这些孩子面前的好像只有一条路，只许成功不许失败。这些孩子往往也是“输不起的”，一旦失去或遇到小小的挫折，便一蹶不振，他们不能正确对待批评和不同意见，常常把自己封闭在狭窄的思维模式中，压抑着活泼的心灵，发展下去，也会因害怕失败变成心理有障碍的人而丧失信心、勇气。

（3）交往的心理障碍，不能建立较好的人际关系。

人际关系，社会心理学把其定义为：在一定的群体背景中，在交往基础上形成的人与人之间比较稳定的心理关系，学生侧重于班级集中的人际关系，以师生、同学等形式表现出来，也就是说，儿童个性形成的过程就是儿童实现社会认可的过程，但这必须受到家庭和学校的影响，首先是家庭对儿童交往的不良影响。在我校被调查的孩子大部分是独生子女，他们在家庭中处于被人人关心的位置，顺理成章地一切以“自我”为中心，因此不懂得关心别人、理解别人，更难谦让别人，例如：两个学生发生矛盾，我听到双方的解释往往都是他如何如何不好，而自己一点责任都没有。现在，很多年轻的家长把孩子交给老人看管，自己忙事业，对孩子不管不问，使孩子处在被过度保护的状态中，经不得一点风雨和挫折。家庭的居住状况和环境，现代个人居住面积的日益缩小，独门独户的居住方式，以及现代化通信设备的普及，家庭人口的减少，从空间上隔绝了学生之间的交往与感情交流，使许多学生习惯于独来独往。父母对孩子采取的教育态度也影响着孩子的个性心理发展，如一个持支配、娇宠、不关心、冷漠的态度的父母自然教育不出有着协作精神，坦率的、个性独立的儿童，而且影响到父母与孩子之间的沟通，更会迁移到孩子与他人的交往中。如有的学生犯了错，不敢告诉父母，有的学生就喜欢做惹父母生气的事，还有的学生不愿把心里话告诉父母，觉得很难被理解……其次，是学校对儿童交往的不良影响，如传统的授课式的教学模式造成的师生间的不平等关系对师生交往上的不良影响，尤其学生之间在课堂上的交往更是少之又少，使很多学生在课堂上有不同程度的孤独感和失落感，有的学生连最基本的举手发言也难以得到满足(由于受时间、空间限制)。教师在管理班级时流露出的不平等情绪会造成学生交往圈中的两极分化，例如，经常受到表扬的好学生对后进生的不屑一顾，后进生对好学生的排斥都会造成学生交际圈的两极分化。又如一个教师采用专制的、不平等的、“唯我独尊”的教育态度，同样会使学生感到集体生活的乏味，越是压抑，有的学生情绪越焦躁，从此为不和谐的人际关系埋下危险的种子。一个小学生从小就不能在学校内体验正常的、愉快的人际交往，那么在今后更为复杂的社会交际中，势必会产生许多的困惑不适，从而造成严重的心理障碍。

4.探索加强小学生心理健康教育的对策

(1)实施加强挫折教育，培养责任感和独立性格。

儿童的意志品质是在发展的，教师要及早培养儿童稳定的责任感和独立的个性，要让儿童形成面临任务、困难时要勇于承担，独立思考，形成心理定式，并有承担事情后果的心理承受力。那么，实施加强挫折教育，无疑是增强儿童心理素质，培养责任感、主动性、独立性、坚持性，对孩子心理健康成长具有很大的帮助。

结合课堂教学，渗透挫折教育，人生乐观教育，例如《乌鸦喝水》一课，让学生学习乌鸦对待困难的精神和方法，要像乌鸦那样有勇于向困难做斗争的勇气，一粒粒叼石子，直到水升高，要想喝到水，就要有毅力和恒心。

学校要多创设条件，提供挫折教育的时机，例如组织参加郊游活动尽可能步行，这样既可使学生少带零食，培养了艰苦朴素的精神，又能增强坚持到底、不怕困难的恒心和毅力，有条件的还可以组织学生集体到贫困的农村，培养学生独立生活的能力。

另外，学校要和家庭紧密联系，定期举办家长和教师的心理讲座，在日常生活中，在家长的配合、监督下，一点一滴地培养学生耐挫折、独立自主的敢于负责任的心理定式。

(2)帮助学生保持良好的情绪言状态和加强心理自我保护意识。

对于一个成年人来说，做到这一点也是相当不易的，对于儿童来说就更大了，良好的情绪状态能使儿童愉快地轻松地投入学习，从而易于使学生预防各种疾病。不良的情绪状态导致心理不平衡，我国目前小学生自杀率较20世纪70、80年代成倍增长，暴力事件层出不穷。这些都必须引起我们的重视，儿童的心灵是纯洁简单的，作为教育工作者就要去开掘那一颗一颗水晶般的心窗，做一个有心人，启发引导儿童正确认识，评价自己，早日解除心理压力，保持良好的情绪状态。例如，为不同层次的学生制定可行的希望目标，正面诱导，提高评价的多元化、全面性及科学性。掌握批评、表扬的分寸，不要将儿童“捧上天”，防止出现缺点时造成严重的心理不平衡。

给孩子们开设专门的心理健康教育课，通过专门的系统的教育使学生从小就了解心理的奥秘，从而自我分析，自我控制，自我引导，加强心理自我保护意识。例如组织学生学习《学校心理辅导活动指南》《少年儿童研究》，这些都是可以借鉴的心理健康教材。进行课文的心理辅导，心理咨询。小学生的情绪大多是外显的，容易受外界的影响，波动较大，而这种一对一的心理交流则具有平等性、针对性及实效性的优点，随时发现问题，解决学生出现的心理障碍。在教学中进行积极向上的心理引导，在学生熟悉的学习、生活环境中，通过开拓课堂上的语言、情感、意志的交流，鼓励学生建立良好的心理情绪状态，保持心理平衡。

（3）提高教师心理素质，做学生的良师益友。

教师在小学生心理健康成长的过程中，起着重要的促进作用，教育不仅是知识的传授，而且是人格的培养。素质教育的实施，是要教育学生“学会求知，学会共处，学会做人”，改变我国目前小学的“听话教育”，而要做到这一点，急需提高教师的道德修养，要培养学生成为真正健康的人，教师首先要有自信的心理优势，良好的情绪制约状态，积极的乐观向上的人生态度，宽松的民主的人际关系(包括教师与教师，教师与学生，教师与家长)，并以此来感染自己的学生，也就是说，要使学生心理健康，首先教师必须有一个健康的心理。在造成学生离家出走、自杀等恶性事故中，教师的心理素质差是一个重要因素。一些教师或不能控制自身情绪而向学生“宣泄”，或因主观盲目性而导致违反青少年身心成长规律的极端行为。如有的教师为了制止学生说话，就用胶布……教师的这些心理问题无论以什么形式存在，都已对学生的心理健康成长构成威胁。由社会学家组织的“少儿健康心理塑造”调查显示，一些学生在回答“你对老师有什么希望”时，学生首先选择“民主平等”。教师要正确地看待“师道尊严”，要勇于、善于做学生的学习伙伴，努力成为学生的良师益友，消除学生的恐惧感，争取学生的合作与信任，为学生创造“民主平等”的成长环境，促进学生心理健康发展，同时也是教师高素质的重要表现。

5.结束语

在小学生的心理健康问题上，还有很多领域需要每一个负有时代感和责任感的教育工作者不断探讨和研究，这将会帮助我们的下一代走出心理障碍的误区，发展健康的心理素质，去迎接未来的挑战。

论文提纲

1.前言。

2.研究方法与对象。

3.当前小学生心理健康状况的分析。

(1)独立性差。

(2)依赖心理强。

(3)缺乏责任感。

(4)来自学校、家庭的不良因素造成学生心理负担过重。

(5)交往的心理障碍。

(6)不能建立较好的人际关系。

4.探索加强小学生心理健康教育的对策。

(1)实施加强挫折教育。

（2）培养责任感和独立性格。

（3）帮助学生保持良好的情绪状态和加强心理自我保护意识。

（4）提高教师心理素质。

（5）做学生的良师益友。

5.结束语。

参 考 文 献

[1]《学校心理辅导活动指南》.

[2]《学校卫生》.

[3]《少年儿童研究》.

备注：本篇曾于2002年6月荣获山东省中小学教育科研优秀成果一等奖。

语文教学渗透德育的方法
——结合实际，循循善诱

论文提纲

前言：语文教学渗透德育的重要性、必要性。

1.因“文”制宜，渗透德育。

2.因“人”制宜，实施教育。

3.因地制宜，灵活教育。

结束语：语文教学渗透德育要循循善诱，结合实际。

九年义务教育全日制小学《语文新课程标准》中明确规定：“小学语文是义务教育中的一门重要的基础学科，不仅具有工具性，而且有很强的思想性。”语文学科“工具性与人文性相统一”的基本特点，决定了它承载着培养学生语文素养和思想道德素质的双重任务，决定了语文教育与思想道德教育的一致性。培养学生高尚的道德情操和健康的审美情趣，形成正确的价值观和积极的人生态度，是语文教学的重要内容。它是与语文知识和能力的提高、语文学习的过程和方法融为一体的，不是外在的附加任务，应该注重熏陶感染，潜移默化，把这些内容贯穿于日常的教学过程之中。《小学德育纲要》“教育途径”中也指出：“语文教学要贯彻文德统一的原则，将语言文学的训练，句段篇章的学习与思想品德育因素相结合，使学生经常地受到多方面的教育。”《纲要》把小学生语文列为开展德育工作的重点学科，这与《语文新课程标准》的具体要求是相吻合的。语文老师应该注意区别内容、学生基础、当时当地情况等具体实际来渗透德育。

1. 因“文”制宜，渗透德育

现行小学语文课本中的课文，几乎篇篇都蕴藏着不同方面、不同形式、不同层次的思想品德教育的内容。其中不乏像《李时珍》《詹天佑》《桂林山水》《长城》等思想品德教育的名篇佳作。因此，教师授课前，必须认真分析课文内容和特点，授课时才能做到有目的、有计划地渗透思想品德教育。

比如《李时珍》一文应注意结合历史，使学生了解我国悠久的医药成就，树立李时珍这位伟大的医学和药物学家在学生心目中的形象，在此基础上，抓住课文中总结句：“《本草纲目》记载了1800多种药物，是中药书籍中一部伟大著作，已经被译成几国文字，在全世界流传。”进一步引导学生体会李时珍在600多年前写出如此辉煌的医学著作，证明了我们中国人的伟大，我们的民族是智慧、勤劳的民族。学生的爱国之情和民族自豪感也就会油然而生。借此让学生发散思维，引出中国的四大发明和无数的古代伟大，使学生的爱国之情进一步深化为作为中国人的自豪感和产生一种我也要为祖国做贡献的心境，使思想教育达到目的。《詹天佑》一文则既要回顾历史，又要讲清国情；既要让学生懂得清朝末年政治腐败，国人受帝国主义欺凌、压迫，又要使学生明白当时的中国科学技术落后，修筑京张铁路困难重重；而詹天佑在这种情况下，毅然接受修筑京张铁路的工作，原因何在？就是一口气，为中华民族争一口气，为泱泱中国争一口气。为了这一口气，詹天佑不怕吃苦，为了这口气，詹天佑才能克服重重困难，在帝国主义者面前显示中国人的才干，显示中国人的骨气。抓住"毅然"一词的理解，联系课文内容，使学生的思想深处受到震憾，使思想教育触及学生心灵的深处。《长城》等课文，通过学习课文内容，使学生从教学中得到一种了不得的启示，从教学中了解工程，使数字产生出直观的认识，中国人民的智慧了不得，中国人民的能力了不得。总之进行爱国主义教育，就是要依据课文内容，体会到文章内所含的情感，以情感去激发学生产生爱国主义的思想。

2.因"人"制宜，实施教育

德育工作要做到由浅入深，从具体到抽象，坚持不懈。实际上就是要求教师在教育过程中应注意学生不同年龄层次、知识水平高低、接受能力大小的差异，客观地实施教育。

小学语文中的《珍贵的教科书》和《少年闰土》这两篇课文都具有近、现代史的教育内容，但由于学生的基础有别，要求教师在授课过程中渗透教育的程度也应有所不同。作为低年级教材的《珍贵的教科书》，只要学生在理解词句中知道抗日战争时期一些小学生学习环境的艰苦，懂得珍惜今天的幸福生活就行了。但这只是浅的一面。深的一面就应该让学生懂得珍惜，这就必须针对小学生的年龄、心理特点进行直观教育。为了上好这一课书，事先让学生回家进行调查了解，了解一个词"艰苦"，通过了解，学生对"艰苦"有了一定的认识，然后让学生看挂图，再了解"艰苦"；学习完了课文，回家去把课文读给爷爷奶奶听，让他们再说一说，结果说得比课文中讲得还艰苦。孩子们通过调查，通过学习，通过再调查，对"艰苦"有了认识，自然就珍惜今天的幸福生活，自然敬佩抗日战争时期那群孜孜不倦的小学生，自然感到共产党的英明之伟大，从而达到进行具体到抽象的思想教育的目的。而高年级教材《少年闰土》则要求学生通过学习课文，了解旧中国农村衰败、萧条的惨景，明白农民生活痛苦的社会根源。课文讲的是闰土，实际反映的是旧中国衰败的一个侧面。由于课文和现在时间上的落差很大，学生只能体会闰土玩得很痛快，羡慕他能在自由的天地间玩耍。但要理解课文内容却很难，如何从易到难，让学生既理解了课文又接受到社会主义好的思想教育，让学生明白旧中国的衰败以及作者对旧中国的愤慨，这就要抓住课文内容的中心句不放，抓住课文的内涵不放。其一是闰土少年时代就打工，其二作者少年时代就生活在四角的高墙内，畸形的社会，痛苦的生活。抓住重点，配之幻灯片、图片等直观教育方可使学生产生认识，激发情感，受到教育。

3.因地制宜，灵活教育

小学语文渗透德育，还必须注意结合本地区的地理环境、特产资源以及现时代的历史特征等来进行。

比如，在进行《美丽的海底世界》和《桂林山水》等课文教学时，完全可以联系当地的实际，有选择地对学生进行思想教育。在教学中，通过现代化的教学手段，如多媒体等形象、直观地展示祖国的大好山河，以及改革开放以来我们的国家发生的巨大变化。以闽东三都澳地区为例，可以结合课文内容，简单介绍一些有关世界著名良港三都澳的历史沿革、地理条件、物产资源、美丽风光、人情风俗、开放前景等，使学生能够了解家乡的过去、现在和将来，激发学生更加热爱中国共产党、热爱祖国、热爱家乡的情感。

小学语文渗透思想品德教育，只有根据实际情况，适时适度，才能与传授知识有机地结合起来。这样，既能切实打好听、说、读、写的基础，又能加强思想教育，全面完成语文学科的教学任务。

参考文献

[1]《语文新课程标准》，人民教育出版社.
[2]《德育教学大纲》，人民教育出版社.
[3]《小学德育研究》.

青岛市市南区教育科学"十三五"规划课题

教师课题

课题名称：德育与小学语文学科融合的探索性研究
课题主持人：李洪利
所在单位：青岛市市南区金门路小学
申报日期：2017年2月26日

青岛市市南区教育科学研究工作领导小组办公室

申请者的承诺与成果使用授权

一、本人自愿申报青岛市市南区教育科学规划课题。认可所填写的《青岛市市南区教育科学"十三五"规划课题立项申报书》(以下简称为《立项申报书》)为有约束力的协议，并承诺对所填写的《立项申报书》所涉及各项内容的真实性负责，保证没有知识产权争议。同意市南区教育科学规划领导小组办公室有权使用《立项申报书》所有数据和资料。课题申请如获准立项，在研究工作中，接受青岛市市南区教育科学规划领导小组办公室的管理，并对以下约定信守承诺：

1.遵守相关法律法规。遵守《中华人民共和国著作权法》《中华人民共和国专利法》等相关法律法规；遵守我国政府签署加入的相关国际知识产权规定。

2.遵循学术研究的基本规范。科学设计研究方案，采用适当的研究方法，如期完成研究任务，取得预期研究成果。

3. 尊重他人的知识贡献。客观、公正、准确地介绍和评论已有学术成果。凡引用他人的观点、方案、资料、数据等,无论曾否发表,无论是纸质或电子版,均加以注释。凡转引文献资料,均如实说明。

4. 恪守学术道德。研究过程真实,不以任何方式抄袭、剽窃或侵吞他人学术成果,杜绝伪注、伪造、篡改文献和数据等学术不端行为。成果真实,不重复发表研究成果;对课题主持人和参与者的各自贡献均要在成果中以明确的方式标明。

5. 维护学术尊严。保持学者尊严,增强公共服务意识,维护社会公共利益。维护市南区教育科学规划课题声誉,不以课题名义牟取不当利益。

6. 遵守课题管理规定。遵守市南区教育科学规划课题规程的规定。

7. 正确表达科研成果。按照《国家通用语言文字法》规定,规范使用中国语言文字、标点符号、数字及外国语言文字。

8.按照预期完成研究任务。成果达到约定要求。课题成果专著、论文、研究报告等公开发表,并在学术界和实践领域产生一定的影响。

二、作为课题研究者,本人完全了解青岛市市南区教育科学规划领导小组办公室的有关管理规定,完全意识到本声明的法律后果由本人承担。特授权青岛市市南区教育科学规划领导小组办公室:有权保留并向我市有关部门或机构报送课题成果的原件、复印件、摘要和电子版;有权公布课题研究成果的全部或部分内容,同意以影印、缩印、扫描、出版等形式复制、保存、汇编课题研究成果;允许课题研究成果被他人查阅和借阅;有权推广科研成果,允许将课题研究成果通过内部报告、学术会议、专业报刊、大众媒体、专门网站、评奖等形式进行宣传、试验和培训。

申请者(签章):李洪利

2017年2月26日

一、课题研究人员基本信息

<table>
<tr><td>主持人姓名</td><td>李洪利</td><td>性别</td><td>女</td><td>民族</td><td>汉</td><td>出生年月</td><td>1969年6月19日</td></tr>
<tr><td>行政职务</td><td>教师</td><td colspan="2">专业技术职务</td><td colspan="2">小学高级</td><td>研究专长</td><td>教学实践研究</td></tr>
<tr><td>最后学历</td><td>本科</td><td colspan="2">最后学位</td><td colspan="2">无</td><td>“十二五”课题完成情况</td><td>参与并结题</td></tr>
<tr><td>工作单位</td><td>青岛市市南区金门路小学</td><td colspan="2">联系电话</td><td colspan="2">1589880××××</td><td>E-mail</td><td></td></tr>
<tr><td>通信地址</td><td colspan="5">青岛市市南区上杭路7号</td><td>邮政编码</td><td>266071</td></tr>
<tr><td rowspan="4">课题组主要成员(不含主持人)</td><td colspan="2">姓名</td><td colspan="2">专业技术职务</td><td colspan="2">工作单位</td><td>研究专长</td></tr>
<tr><td colspan="2">陈为亮</td><td colspan="2">小学语文教师</td><td colspan="2">青岛市市南区金门路小学</td><td>语文学科</td></tr>
<tr><td colspan="2">金敏</td><td colspan="2">小学语文教师(大教研组长)</td><td colspan="2">青岛市市南区金门路小学</td><td>语文学科</td></tr>
<tr><td colspan="2">谭蕾蕾</td><td colspan="2">小学语文教师(远程培训组长)</td><td colspan="2">青岛市市南区金门路小学</td><td>语文学科</td></tr>
</table>

二、课题研究论证报告

1.课题提出的背景

习近平总书记在北京大学考察时的讲话中谈道:青年的价值取向决定了未来整个社会的价值取向,而青年又处在价值观形成和确立的时期,抓好这一时期的价值观养成十分重要。这就像穿衣服扣扣子一样，如果第一粒扣子扣错了，剩余的扣子都会扣错。人生的扣子从一开始就要扣好。核心价值观的养成绝非一日之功，要坚持由易到难、由近及远，努力把核心价值观的要求变成日常的行为准则，进而形成自觉奉行的信念理念。从这个深远的意义来说，小学德育教育的重要性关系到我们社会和国家的未来，这个开始的"扣子"一定要扣好，在小学阶段帮助孩子们建立良好的道德准则，初步形成社会道德规范意识，直接关系到少年儿童身心健康的良性发展，意义重大。

习近平总书记在参加北京市海淀区民族小学庆祝"六一"国际儿童节活动时讲道：要让社会主义核心价值观在少年儿童中培育起来，家庭、学校、少先队组织和全社会都有责任。学校要把德育放在更加重要的位置，全面加强校风、师德建设，根据少年儿童特点循循善诱、春风化雨，努力做到每一堂课不仅传播知识而且传授美德，每一次活动不仅健康身心而且陶冶性情。讲话中强调，德育实施的方式就是要渗透到学科教学中，渗透到课内课外的活动中，耳濡目染，让少年儿童乐于接受。努力把核心价值观的要求变成日常的行为准则，进而形成自觉奉行的信念理念。

长期以来，提到德育，人们的意识中总是把德育和学科分离，认为学校教育总是人为地把德育与其他诸育割裂开来，把德育当作是学校分工中的一个门类。其实德育是教育的宗旨，"立德树人，成就未来"。学校是德育的重要阵地，课堂是德育的沃土。学科中有效地渗透德育，势在必行。

语文学科发挥着对语言进行建构和运用，对思维进行发展和提升，对审美进行鉴赏和创造以及对文化进行传承和理解的作用，因此在语文学科中渗透德育，就有了得天独厚的条件。加之，语文的学习具有很强的生活性，内容多样，包括习惯培养、课文学习、习作练习、古典诗词、词语积累、遣词造句、口语交际和综合实践等诸多语文活动，都是进行德育渗透的最佳途径。小学是基础教育的基础，对人的成长发展有着不可估量的基础作用。教学是学校的中心工作，因此，学校德育运行中心工作是各学科教学的渗透，国家九年制义务教育语文课程标准在课程性质和地位中指出，工具性和人文性的统一，是课程标准的基本特点，在课程总目标、教材要求、教学建议等方面，都提出了德育的要求。为使教师的教书育人活动落到实处，对新时期语文学科德育工作的渗透做深入研究，对造就21世纪素质过硬的人才有着重要的意义。

然而，在课程改革的新形势下，受教育理念的更新、课程结构的调整、教材的改革、教师教学行为的变化、学生学习方式的变化等诸多因素的制约和影响，语文学科教学中的德育渗透出现了薄弱环节，对语文学科渗透德育的方式策略研究方面，缺少深层面的研究和改革。

2. 本课题在国内外同一研究领域的现状(趋势分析)

西方国家历来很重视德育教育，19世纪上半期德国教育家赫尔巴特认为："教育的唯一工作和全部工作可以总结在这一概念之中——道德。"美国学者甚至认为：印度、埃及等国家的衰落，与其说是他们的经济衰退、物资匮乏等因素引起的，还不如说是其社会道德滑坡、人口素质下降、缺乏民族自信造成的，一个民族需要物资作为基础，但也需要文化作为升华。

美国、法国等一些西方国家在学校德育内容方面，从整体上看

是围绕公民教育进行的。

以美国为例，以约翰·杜威为代表的“实用主义”，被尊为美国的“官方哲学”，因而学科教学中的德育也是“个人主义”为第一位，遵从德育为少年儿童的个性发展而服务。因此，美国没有专门的德育教程(仅有少部分实验)，实施全面主义德育，强调各门学科及全校工作的德育功能，注重德育的整体性、间接性。在学校中，每个老师都担负着德育的重任，所有教师都是品质的教育者。他们在课堂教学以及学业学习中，有意无意地对学生进行潜移默化的品德教育。同时，学校利用各个方面——教师的榜样、纪律政策、学术课程(包括吸毒、酗酒以及性教育课程)、教学过程、学习评估、管理学校环境以及与家长的关系等，作为培养思想品德的机会。这些教育途径比之在课堂上的说教更有说服力，也让学生更广泛地接触品德教育。因此，美国小学生品德教育范围更为全面，内容也更为深刻。

美国学校在自然科学、文史哲等课程中，适时适量渗透着德育内容，把道德教育有效渗透到各科教学中，使学生在知识学习的过程中，促进品质的提升。在我国，设有专门的品德课程，致使部分教师认为“专时专用”，觉得品德老师在品德课上对学生的品德培养很重要，但其他课程的老师则教好自己的课程就够了，忽视了教师对学生身心发展的影响，所以在我国，也应注重在教学中对学生品德的教育，将品德教育贯穿在学习中。加强学科渗透德育的研究策略和研究领域，是现代化教育对我们的迫切要求。小学生身心发展不完善，正是需要正确引导的时候，并且要运用灵活的教学方式，切合小学生的生活现状和社会环境，符合他们身心发展的需要，易于接受和感染的德育教育。如何有效地培养学生优秀的道德品质，并将这种品德延续、扩展开来，需要我们不懈的探索和努力。

欧洲，我们以英国和德国为例，学校德育或者说是宗教德育相当稳固，也就说，德育和生活密切相关。没有专门的道德课，课程标准和教科书只是在其他学科或活动中对德育进行渗透。

亚洲，以日本为例，学校的德育渗透及培养方式和方法异常丰富，大量地引进中国的儒家思想和西方的民主主义思想，并融会于各学科中，形成崭新的个性教育。

新加坡是世界上目前犯罪率最低的国家，公民的道德法律规范性极高，德育的教育在学校教育中发挥着重要的作用，我们亲自去新加坡考察过他们的学校，他们的德育教育是很严格的，可以说德育教育渗透并贯穿每一个教育环节，在尊重学生的基础上，教室的后墙上甚至挂着戒尺，在课堂教学过程中渗透着规则底线教育意识。

从国内情况看，《中小学德育大纲》指出："寓德育于各科教学内容和教学过程之中，是每一个教师的职责。"随着基础教育课程改革的推进，北京、上海等大城市已经走在时代的前沿，上海市正在大力推进《上海市学生民族精神教育指导纲要》和《上海市中小学生生命教育纲要》，要求中小学要将《两纲》内容与"二期课改"紧密结合，使之作为课程建设、教材建设、教学实施、考核评价的重要内容，使广大教师在深刻了解教育本质的基础上，明确知识与品德、教学与教育、教书与育人的统一关系，在观念层面形成正确的课程价值取向，内化德育渗透的意义，提高渗透意识。语文的核心素养中关于提升审美鉴赏与创造的素养，就提到应该能感受汉语汉字独特的美，表现出热爱祖国语言文字的感情；通过语言学习，提升情感品味，具备情感感受力，而这些都是提升道德情感的基础；尤其在谈到提升文化传承与素养时，应能借助语言文字，体会中华文化的博大精深、源远流长，继承中华优秀传统文化，理解并认同中华文化，形成热爱中华文化的感情，提高道德修养，增强文化自信；能借助语言文字的学习，懂得尊重他人，尊重他国文化，并能从文本情境中所包含的道德意识的学习和判断中受到情感价值观的熏陶，对德育教育起到潜移默化的作用 。运用语文教学中渗透德育教育，是最有效地提升学生道德素养的途径之一。

韩愈说："师者，所以传道授业解惑也"，道出了教师的职责——传道是置于首位的，必须突出德育的地位。如何在发展和探索语文教学中，更好地改进德育渗透的教学理念和手段，并促进教师的德育水平和学生的终生发展、提高全民族的素质，将是我们每一个语文教师必须探究的问题。进一步发展语文教学中的德育渗透工作，势在必行。

从我校情况看：我校自从建立了"以爱育爱，爱中成长"的教育教学理念后，在学科教学中，在育人环境中，在课外活动的第二课堂中都注重渗透爱的教育，利用多种渠道，如大队部活动，全方位结合社会环境，结合学生生活，开展德育渗透，并在每个学期都有相关主题，并有具体可操作的奖励机制和展示总结的方式。我认为在语文教学方面，也可以发挥语文自身优势，结合课外活动和课内进行整合，一方面有效提升语文的学科素养，一方面注重整合让多种教学策略渗透德育教育，让高品质教学更好地为学生身心健康的终身发展奠定基础。

3.课题研究的理论价值与实践意义

理论价值：以往的德育渗透，往往强调的是思想政治的说教，可谓好高骛远。“工具性与人文性的统一，是语文课程的基本特点。”培养学生高尚的道德情操和健康的审美情趣，形成正确的价值观和积极的人生态度是语文教学的重要内容，不应把它当作外在的附加任务，而应该注意熏陶感染，潜移默化地把这些内容贯穿于日常的教学过程中。“德育是长在人文土壤上的庄稼。”这是语文渗透德育的充分的优势，也就是说把语文知识内容与其可载的思想同时转化为学生自己的东西，让学生在不知不觉中接受思想的熏陶，在饱食知识的同时品味思想的甘露。教育者应根据教育目标和培养要求通过借助载体、建构氛围熏陶、引导教育对象，使之接受有关思想、观点、作风、行为，实现教育意图的教育形式。(语文课程标准)新课程为凸现语文课程价值完整性复归奠定了保证，即确认工具性的同时强调语文是人文素养培植的摇篮。

语文德育渗透是在语文教学中潜移默化地进行思想教育，其实践意义为：通过本课题研究，充分挖掘语文学科中的德育因素，充分发挥语文学科的德育功用。语文学科是兼有工具性和思想性的基础学科。它的教学目标，不仅要让学生掌握语言文字这个工具，还要让学生受到爱国主义教育、远大理想教育、精神文明教育、道德情操感染。在语文学科学习过程中让孩子自律，促进学生成为品质优秀的身心健康发展的社会人才。

4.研究目标与研究内容(研究内容的分解与具体化,含子课题的设计)

研究目标:

(1)通过课题研究实验,摸清学生品德差异的原因,梳理课程标准和德育课程标准对小学生德育水平的要求,并针对小学生年龄、家庭和生沽坏境的差异,通过提升语文的学科素养,提高品质教学,使德育在语文学科中更好地渗透,达到面向全体学生,循序渐进,潜移默化的教育效果。

(2)德育和语文学科融合的实验能够落实到课堂实践中,在提高语文基本素养的同时,确定小学语文学科教材中所蕴含的德育因素,明确在小学语文学科中德育教育的结合点。

(3)摸索出小学语文学科与德育相融合的有效途径,总结出渗透德育的有关途径和方法。

研究的内容:

(1)探索小学语文学科中德育渗透的途径、切入点和范围。

(2)密切结合学习语文学科的课题基于提高语文学科素养,提升品质课堂的策略研究,改变和加强学校对学生德育在语文学科中渗透的机制,将德育融入语文教学之中,根据文本以德育教学作为提升语文品质教学的突破口之一,真正提高学生的道德水平与语文素养。

(3)发挥语文老师的领头作用,充分发挥教材优势,进行德育渗透,让德育和智育有机地结合在一起。使语文教学与现实社会的意识形态和政治道德、规范准则等结合起来,调动学生学习的积极性,树立正确的世界观、人生观、价值观,让学生学会生存,学会做人，学会创造。

（4）举办相应的语文与语文相融合为主题的活动，并且邀请学生家长一起参加，营造良好的氛围。探索小学语文学科中德育渗透的途径、切入点和范围。

5.研究过程设计（阶段时间划分、阶段达成目标、阶段研究内容、阶段成果形式）

（1）设计申报、开题论证阶段（2017年2月—2017年10月）

结合学校语文研究课题，设计、拟定课题实施方案，有关文献及调查研究，完成开题论证。

（2）实施研究第一阶段（2017年10月—2018年9月）

①进一步做好调查研究，完成调查研究报告。

②实施课堂教学中对学生进行德育渗透的有效策略、方法研究，邀请专家进行过程指导，在教学实践中，结合语文研究课题，摸索德育渗透的策略研究，就如何实现新课程标准中的三维目标之——情感态度与价值观，开展语文学科与德育渗透的课例收集活动。

③撰写中期研究报告，反思、调整方案。

（3）实施研究第二阶段（2018年9月—2019年7月）

根据中期研究报告形成的反思和调整方案，进一步深入研究，通过实践检查研究成果的有效性。

（4）结题阶段（2019年7月—2019年12月）

整理收集相关论文、案例、音像资料等，整理课题研究成果，撰写结题报告，展示课题成果，形成个人语文学科中德育渗透的教学体系和风格，建立个人教育随笔叙事集。

6.研究方法设计

(1)文献研究法:通过资料检索、网络搜索进行本课题支持性论证研究。

(2)问卷调查法:设计问卷,调查师生在语文学科教学中德育渗透的认知冲突,分析其成因及对策。

(3)互动研究法:以学生之间、教师之间、师生互动为研究主体,针对存在的问题,在专家的指导下,分析寻找问题产生的原因,不断完善教与学的行为。

(4)个案研究法:以"基于提升语文学科素养,提高渗透德育的品质教学策略研究"模式为依托,以创新的理念,探索灵活多样的语文课堂教学模式和语文综合实践活动,通过不同课型的语文学科案例的收集、展示、分析、研究和概括,验证课题研究假设,总结提炼规律性的东西。

(5)教育叙事研究法:教育叙事研究是指以叙事的方式开展的教育研究。它是研究者通过对有意义的校园生活、教育教学事件、教育教学实践经验的描述与分析,发掘或揭示内隐于这些生活、事件、经验和行为背后的德育渗透的技巧与行动研究。教师撰写教育随笔,随时记录教育片段,为提升理论和实践研究做铺垫。

7.完成本课题研究任务的保证措施

(1)不断提升个人学科教学素养,积极参加骨干教师培训,提高理论素养,并能够接受新的教育教学理念更新。

(2)把理论运用在实践中,不断摸索教学策略,总结教学经验,形成研究体系和教学风格。

(3)紧密结合学校语文的课题研究,并以此作为课题时间保障和基础,并进一步探索德育渗透的策略。

8.预期研究成果(成果形式及预期完成时间)

(1)教师课题申报(2017年2月)。

(2)课例研究报告(2018年9月)。

(3)研究性论文(2019年7月)。

(4)叙事型教育随笔集(2019年6月)。

(5)结题性研究报告(2019年12月)。

整合中优化课堂教学之理论探究（一）
——整合中优化课堂教学，形成独特的教学风格

摘要：在当今社会知识更新日益加快，尤其网络时代，给人们带来了广阔的认知天地和认知渠道，孩子们学习的范围早已经超越了学校的领域、书本的范畴。我们的课堂要跟上时代的步伐，就必须重新来构建课堂结构，真正有效地提高课堂实效性，提高课堂品质，形成灵动的生本智慧课堂，让学生的语文核心素养得到充分的发展，这需要我们每一个教师不断地探索，其中课堂整合就是其中很有效果的路径之一。

关键词：小学语文学科素养；优化课堂；资源整合

我们的语文课，无论怎样调整课堂结构，从探究学习到自主合作，以及现在最主流的“翻转课堂”等，其实都要基于对学生语文核心素养的发展上，这样我们做的这些改革才有真正的意义。那么语文学科的核心到底是什么呢？是语言的建构和运用、思维的发展与提升、审美鉴赏与创造、文化传承与理解。

一、课堂整合的意义

我们的小学语文课堂就是要为学生语文的核心素养的提升做铺垫，课堂始终是教育的前沿阵地，对课堂的整合就显得尤其重要。到底什么是课程整合呢？整合课堂需要我们做什么？怎么做呢？

要想真正落实到每一节课当中，让学生有不同的收获和发展，必须把先进的理念和课堂实践相结合，从中不断探索，探求整合的

形式和方法，形成对教学品质的优化。

二、课堂整合的形式

整合本身就是灵动地运用各种教育资源，不断探索创新，打破已有的僵化的课堂模式的过程，也是一个充分开发教材，充分展示教师的教育策略，充分发展学生智慧和思维品质的过程。语文的学习，无处不在，语文课堂的整合在形式上也应该是多种多样，层出不穷的。

（一）课内的整合

在研读新课程标准的基础上，梳理出本学段的具体要求，和文本材料相结合，这就要求教师在教授本册教材之前，就要对文本材料的异同点，包括教材教学目标、单元教学目标以及单课教学目标、重点、难点，结合本班学生学情，进行详细的梳理归纳，初步制订整合的计划。重新安排教学内容，教学节奏，横向纵向梳理课文，使知识的掌握和建构最有效地达成，在有限的空间和时间内，最大程度上给学生提供学习的容量和体验。这需要教师把文本和课堂实践相结合，找到不同的整合点，最大限度发挥文本作用，拓展学生的知识面，更好地指导学生的阅读，并让学生在自己学习的体验中，学会思考，提升思维品质，探索科学的学习方式。

（二）课内和课外的整合

很明显课外知识为课内提出的教学重点进行拓展和巩固，体现知识的运用，并在运用的过程中发现问题，解决问题。

（三）跨学科整合

跨学科整合顾名思义，不同学科之间进行整合，更好地拓展与文学系的领域，在生活中学习语文，在语文的学习中提升自己各方面的素养。例如：在传统教育的校本课程中，所学到的诗歌、经典，经常会被运用到语文课堂的教学中。会起到画龙点睛的作用，能够运用也会使学生有很大的学习成就感。

(四)语文课程教学与生活的整合

文本知识是前人从客观实际中概括出来的抽象的原理和观点，与学生的生活实际距离太远，不利于学生理解、接受。而把课程与生活相整合，利用学生的生活背景和体验，就可以在学生与文本之间搭建一座桥梁。

1.课程和生活实际相整合

认字对刚入学的孩子来说是比较困难的事情。在生活中，把家里的物品用拼音做成卡片，让家长帮忙把对应的汉字给孩子们粘贴到相应的位置上，学生用这种方法认字效果好。可是怎么样才能让孩子乐于做这件事呢？一位教师就设置了这样一个有趣的情景，启发激励班级的其他学生："有两个小朋友真厉害！向我们介绍了他们的好办法，一个小朋友拼拼音识字，听别人读书的时候用手指着；还有一个小朋友在生活中，见到不认识的字，问一问，认识以后，写在卡片上扔进识字口袋里，他们的方法可真棒！我们以后也要这样去做，学期末，咱们拿出生字朋友口袋，也来比比，看谁的生字朋友最多，评出生字大王好吗？"这样的整合策略和学生的生活实际相结合，激发了学生学生字的兴趣，成为学习的积极参与者。

2.课程和学生的自身体验相整合

又比如一年级刚入学的学生学习"坐立跑走"是有一定困难的。教师提问："你用什么好办法记住了哪个字？"小朋友做动作记住生字。“那么其他三个字呢？我们来做个动作吧！”做动作识记。“‘跑’字有点难，我们来看看吧。‘跑’字左边是什么偏旁？‘足’字旁跟脚的动作有关，除了做动作还可以借助偏旁识字，‘坐’这个字，你会不会照着老师刚才给‘南’字编的小谜语，来编个小儿歌记住它(两个小人土上坐)？‘走’谁来边走边读这个字？”对呀！迈开大步走，同时，老师继续给学生带来走字的演变课件，形象、直观地演示这个人在迈开大步向前走，使得生字更加形象生动，活了起来。和学生的生活体验相结合，学生在不知不觉的自身体验中感受到认字识字的乐趣，正如陶行知先生曾经说过“没有生活作中心的教育是死教育”，整合中灵动起来的课堂，使学生学得快乐，老师教得轻松。

(五)跨年级段的整合

在教授自己本学段的基础上，仔细研读每一个学段的课程标准，联系同一个目标的阶段要求，同一个题材的阶段变化，整合教材。如同样是神话故事，可以在梯度上循序渐进地整合，体现语文螺旋上升的特点。有利于小学生掌握相同题材、相同背景下文学创作的规律。例如：苏教版五年级上册中的《嫦娥奔月》和六年级上册的《牛郎织女》一起整合，引导学生在学习过程中，梳理其中的相同点和不同点，并在此基础上进行扩充学习，从而加大了阅读量，感兴趣的孩子还可以继续探究神话的来源及其社会背景，辐射到更广阔的知识面。这样，就有利于帮助学生学会梳理知识，把学生引入到更广阔的阅读空间、更深入的思考中。

三、课堂整合点的确立

要想真正提高课堂效率，增强课堂教学的活力，让学生从我们的课堂改革中学到更多的知识，并初步体会知识构建的规律，学会运用，并发展思维能力，教师找到课堂整合点是关键。

（一）针对人物品质的课堂整合

整合的初衷是让孩子们在有限的课堂，通过整合，发现语文学习的规律，把零碎的知识点进行归纳整理，形成体系，从而提高思维品质，提高课堂效能。必须找准整合点，才能真正落实到教学环节中，有的放矢。结合单元目标，整合人物品质相同的课文，通过朗读指导，懂得要好好学习就要有勤学苦练的精神，坚持到底就会胜利。整合后，更有力于学生明白其中的道理，更具说服力。

（二）针对学习方式的课堂整合

古人说："读书破万卷，下笔如有神。"这充分说明阅读与写作有着密切的关系，阅读是写作的基础，写作是阅读的升华，它们互相促进，相辅相成。读写结合，是提高学生写作水平的主要途径，这既是传统语文教学的精华，也符合当前的语文课改精神。

（三）针对学习方式的课堂整合

在教授苏教版小学语文四年级的课文《说勤奋》时，这是学生第一次接触议论文，怎样把新知教好，会用，这是难点，也更是一个值得探究的整合点。教师采用了以读促学，以写促读的学习方式的整合，放远未来，着重运用，收到了良好的教学效果。

新授课中，议论文重点指导学生了解议论文的结构特点。利用微课明确作者在文章第一自然段摆明了自己的观点，提出论点；接着分别在二、三自然段列举了司马光和童第周的事例，加以证明；最后一个自然段中，作者再一次强调勤奋的重要性并发出号召，呼应了自己在开头提出的论点。这种通过讲道理，摆事实，直接表达自己的观点和主张的写作模式，就是写作说理文的基本结构。

在学生掌握的基础上，进行高效阅读练习。《论坚持》通过抓住说理性文章的基本结构进行此类文章的高校阅读训练，提升阅读速度与效果。写作说理性文章如何查找资料，从中找到议论文的基本规律？

第一步，确定自己的观点(论点)。

第二步，围绕观点查找可用实例(百度、书籍……)。

紧接着教师和学生一起总结写作说理性文章如何确立观点并选取资料。学生在体验中感觉这样的说理文，其实理解起来并不难，而且和自己的生活密切相关。

《语文课程标准》指出："应该让学生更多地直接接触语文材料，在大量语文实践中掌握运用语文的规律。"而阅读与写作就是主要的语文实践活动。通过"以读促学，以写促读"的学习方式整合读与写，让学生在第一次接触说理文时就能够学会学习，学会运用。

(四)阅读赏析和习作的整合

一到写作文，总有孩子发愁，怎么写呀？写什么呀？学生的困惑主要来自于缺少对生活的体验和对生活素材的梳理，怎样观察？怎样把观察到的事物有条不紊地叙述描写出来？这都是需要我们在语文教学中，帮助学生解决的困惑。能在课堂教学中整合读和写，在读中领悟写作文的方法，运用到自己的习作中，将是课堂整合的关键点。

在教授《变色龙》一课时，教师着重抓住对变色龙外貌的描写："我细细端详着：这条变色龙全身翠绿。椭圆形的头上长着三角形的嘴，两眼突起，凶相毕露。身躯呈长筒状，隆起的背部酷似龟背，腹部两侧长着四只短脚，尾巴尖细。尽管我们大声叫喊，对着它指手画脚，它却依然一动也不动。”

教师首先指导学生梳理这段话描写的顺序并出示以下小练习，这段话介绍了变色龙的(　　　　)，写作顺序是：(　　　　)——(　　　　)——(　　　　)。并在此基础上，体会对外形描写运用的词句。进而运用“抓特点、有顺序”的写法，赏析习作二例文《鸽子》，以及补充文章《小白兔》的写作方法。运用所学的“抓特点、有顺序”以及运用比喻、拟人修辞手法的写法，尝试写一种自己喜欢的小动物的外形特点，效果较好。

(五)针对聚焦同质，求同存异的整合

(1)教材每组课文之间都有着密切的内在联系，有的是主题的相似，有的是体裁的相似，有的是内容的相似，有的是阅读策略相似。我们把第三单元《最后的姿势》《船长》放在一起进行整合教学，采用了“合、分、合”的教学思路。一合：让学生对两篇课文进行整体通读，把握课文的主要内容，思考两篇课文的相同之处，引导学生把握情绪基调，营造阅读期待。二分：对两篇课文进行分步解读，分别从两篇课文中找出能够凸显人物形象的描写，读一读，想一想，写一写。三合：对两篇课文再次进行整体通读，让学生发现课文中多处环境和场面的侧面描写，均起到了烘托人物形象的作用。两课整合教学“形散而神不散”，教学容量饱满，内容充实，挖掘深透，学生收获丰厚。

(2)语文素养的提升有赖于大量的课外阅读积累和语文实践活动。《义务教育语文课程标准(2011年版)》对小学生的课外阅读量专门作了规定，并指出教师要加强课外阅读的指导，积极开展各种课外阅读活动。为此，我们重视做好课内外阅读的链接，把课堂阅读教学往课外阅读延伸，让课堂内外的阅读教学相互交叉、渗透和整合，形成一体。课程标准还指出“要着重培养学生的语文实践能力，而培养这种能力的主要途径也应是语文实践。”生活处处有语文，学生只有把课内所学到的语文知识和获得的语文能力应用于生活，语文学习才有意义和价值。相反，丰富的语文实践活动也会助推学生语文素养和能力的提高。

课堂整合需要实践探索的方面还有很多，只有教师具备了语文教学的系统观，从“大语文”的角度审视语文教学，根据语文学习的规律把握语文教学，从提高学生语文综合素养的出发点对待语文教学，才可能突破语文教学的局限，闯出一片语文教学的新天地。

备注：本篇于2017年3月发表在国家级学术刊物《中华少年》第九期当中。

整合中优化课堂教学之课堂实践（二）
——咏物抒情整合《广玉兰》《夹竹桃》（苏教版六下）教学设计

<table>
<tr><td>课题</td><td>咏物抒情整合《广玉兰》《夹竹桃》</td><td>课型</td><td>新授</td><td>课时</td><td>2-1</td></tr>
<tr><td>教材简析</td><td colspan="5">两篇课文都是出自名家之手，且都是写花，并通过咏物抒情的写作方法，通过描写广玉兰、夹竹桃，抒发自己对花的喜爱之情，同时表达了对美好品质的赞美。通过咏物抒情，使本课的语言运用和情感升华紧密结合起来</td></tr>
<tr><td rowspan="3">教学目标（重点★；难点△）</td><td>知识与技能</td><td colspan="4">1.以咏物抒情作为切入点，通过联系上下文，理解感悟词语的感情色彩(玉琢冰雕等六个词语)，感悟作者对花的特点的细腻描写，如抓词语、美读等方式。
2.★运用修辞手法如比喻、排比、反问句式、双重否定句式等就是要表达内心的情感和情怀，从而感悟到热爱生活，用心感悟美，才能做一个有情趣的人。△从写法入手，有条理，深入地理解课文，感受情感。
3.提升默读速度和效能，进一步掌握答题方法</td></tr>
<tr><td>过程与方法</td><td colspan="4">1.合作学习，交流探究，集中展示。
2.过程评价采用小组过程评价机制，选择学习法(分类列举法、比较分析法)，全体参与，自主，合作，探究，通过多种学习途径搜集整理资料，学习写作方法，体会情感，感情朗读，想象升华，达成目标。
3.微课对咏物抒情进行进一步了解，引导学生体会作者如何通过不同的修辞手法，抓住关键词句，采用不同的修辞手法、句式、独特的感受等，对特点细腻的描写，在精美的文笔中抒发对花的特点，升发的情怀，表达的情感。
4.通过拓展阅读，扩大课堂阅读容量，提升效率</td></tr>
<tr><td>情感态度价值观</td><td colspan="4">引发学生用心感受咏物抒情的写法，体会作者如何通过不同的修辞手法、句式，抓住关键词句，体会细致描写，掌握一定的修辞手法和句式表达，提升学生的审美能力，培养学生生活情趣，在生活中发现美</td></tr>
</table>

续上表

教具	课件、微课	学具	资料、练习本
教学过程	教师活动	学生活动	测评工具及方法设计
	1.导入新课：用美好的语言，直接引出课题，简介花和作家。 2.播放“咏物抒情”的微课，咏物抒情联系了物和情，通过抓出特点、细致描写、不同的修辞手法、句式和作者独特的感受，让情感浸润于文字之中。 3.默读课文，通过梳理文章脉络，总结主要内容。 4.请同学们小组自主合作，探究交流作者是怎样抓住事物特点展开细致描写，通过不同的句式、修辞手法以及独特的感受抒发情感、意愿和志向的？（采取分类列举法和比较分析法选出你最感兴趣的方式，并找到相应语句体会作者情感。） 5.老师总结：真的要像这两位作家一样，善于在生活中发现美，感悟美，抒发自己独有的情怀，成为一个生活的哲学师。 6.下面还有两篇同样是名家名篇咏物抒情的文章《野草》《白杨礼赞》。请同学们迅速浏览默读，作者抓住了事	1.学生结合课前所查找资料，用简练的语言介绍两种花的生活习性。 作者的介绍：简练地概述作家的文学成就，在文化领域各有建树，独具风格。 2.帮助学生了解作家。通过咏物抒情的写作手法，针对特点，抓住词语(玉琢冰雕等词语)，细腻描写，采用不同的修辞手法(文中多处比喻句)、句式(文中排比句式，双重否定和反问句)和独特的感受等方式，以达到抒情的目的。 3.学生按照要求，默读课文，填写任务单。 4.学生自己自行选择表现方式。如：针对特点，抓住词语，细腻体会，结合自己小组的特点进行合作、分工，并能互相协调共同展示，形成自己的学习成果，并能在合作交流中质疑，和其他同学互动。 5.学生进一步在拓展阅读中感悟咏物抒情的写法，并以此积累阅读，训练提高阅读	1.由花入手，为后面的物与情的联系做铺垫。对语言的完整简练进行评价。在资料中是否体现作家独特的写作风格和面对生活独有的情怀。 2.直接切入。引领后面的整合学习。 3.学生通过快速默读，达到梳理文章，总结课文内容的要求。并通过梳理脉络达成内容的总结。采用评价式方法引导。 4.学生进一步感受咏物抒情的写作方法，并力求在学文时运用。 5.引领学生有条理地针对特点，通过细致描写、修辞、句式和独特的感受来领悟情感(根据课程标准要求量规学习法：每分钟300字以上，两篇用时8~10分钟)。力求语言简练，并能够结合积累总结方法，选择学习法，教师相应给予课堂及时性、适用性评价。抓住关键词总结特点，针对文章咏物抒情方面运用的方式比较突出的句子，画出来，进行体会

续上表

教具	课件、微课	学具	资料、练习本
教学过程	物的哪些特点进行咏物抒情？填写表格进行梳理积累。(规量时间8~10分钟，可用针对课上学到的找关键词、修辞手法、句式、感受、构段等，以及课上学到的分类列举法和比较分析法来找句子，简单体会。) 7.通过阅读这两篇文章，你对咏物抒情有了进一步的认识，以后，我们也可以尝试运用这样的写作手法，表达我们的志向和意愿。热爱生活，善于发现、感悟，才能陶冶性情，追求美好	速度 了解事物的特点，进行咏物抒情。用填表格的形式进行。一边读，一边勾画，完成表格填写。(给自己规量时间)	教师随时观测，适时指导，并提醒学生注意把握学习效率，用不同的方法、方式围绕学习主题来解决问题。 快速阅读，能够和初中阅读接轨，一边阅读，一边勾画，完成表格填写，并扩充阅读量。 6.对阅读进行了总结，并对写作提出方向

<table>
<tr><td>板书设计</td><td>广玉兰　　夹竹桃
有学生小组合作中找到的关键词，谈体会时，出示</td></tr>
<tr><td>任务设计</td><td>一、课堂教学任务
1.默读
快速默读两篇课文(用时5分钟)，理清脉络，并总结主要内容，并填写以下表格
<table>
<tr><td>课题</td><td>特点</td><td>情感</td></tr>
<tr><td>广玉兰</td><td>花（　　）（　　）（　　），叶子（　　）</td><td>爱（　　），更爱（　　）。</td></tr>
<tr><td>夹竹桃</td><td>（　　）美（　　）可贵（　　）迷离</td><td>爱上了夹竹桃（　　）、（　　）。</td></tr>
</table>
2.拓展阅读任务
下面还有两篇同样是名家名篇咏物抒情的文章《野草》《白杨礼赞》。希望同学们迅速浏览默读，作者抓住了事物的哪些特点，可以从结构、修辞、句式、独特感受等方面感悟咏物抒情。把相应的句子画在文中。用填表格的形式进行。一边读，一边勾画，完成表格填写(给自己规量时间8~10分钟)</td></tr>
</table>

续上表

<table>
<tr><td rowspan="2">任务设计</td><td>

篇目	物	特点(可自行积累精美词语、句式、手法及独特的感受)	抒发情怀、意愿和志向
白杨礼赞			
野草			

</td></tr>
<tr><td>二、课外拓展阅读写作任务
(1)课外阅读中,你还找到哪些咏物抒情的文章和诗歌?可以和大家分享。
(2)生活中,你钟情于哪种花木?她的特点,她的性格恰恰和你的意愿和志向相吻合?
请你和大家分享你的感悟,还可以进一步用心细致地观察,相信你在学习了这两篇课文后,一定也会有更多的独特的感受,运用在课堂上学到的写作方法,写下来,我们共勉</td></tr>
</table>

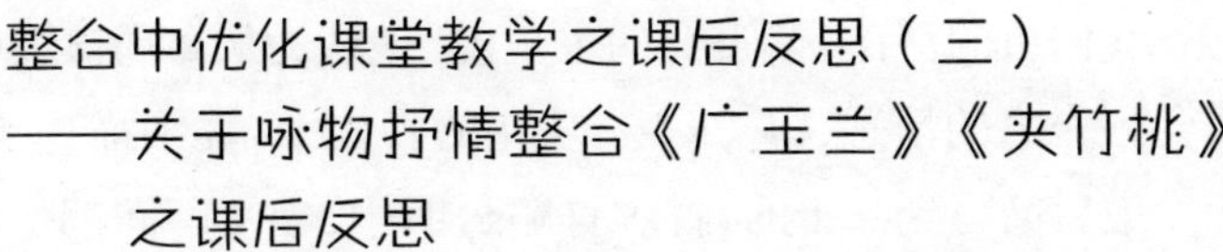

编写《广玉兰》和《夹竹桃》两篇课文在“咏物抒情”主题中，很明显编者选取了中国现代知名作家的作品，同时和古诗并存，彰显古今作家在“咏物抒情”中，借着对事物细腻的观察和描述，结合自己的人生经历和志趣抱负托物言志，咏物抒情，看似不经意间，便表达了对世间万物的认识和对人生境界的追求，具有以小见大，于细微之处见真情的创作特点。这样的文章和诗歌更能打动读者，让我们在美的享受中，引发对人生对世界的认识和思考，并引发进一步了解作家本人和其作品的阅读欲望，只要有心，在花丛中，在柳林里，在山水间……都孕育着人生哲理。花草皆有情，生活如此浪漫，阅读如此美好，我们还有什么理由不热爱生活？

咏物抒情，是孩子们比较熟悉的写作手法，如前面有些课文也是托物言志，借物喻人，但是怎么样咏物抒情，把物和情联系在一起，而且咏出自己的真情，这就是要在课堂上值得探究的教学主题了。

回顾整个课堂，觉得以下几个环节达到了预期的效果。

一、教学手段的运用

用微课的形式，帮助学生了解作家通过咏物抒情的写作手法，针对特点，抓住词语(玉琢冰雕等词语)，细腻描写，采用不同的修辞手法(文中多处比喻句)、句式(文中排比句式，双重否定和反问句)和独特的感受等方式，以达到抒情的目的。

我问还有哪些表现手法，能够使我们体会到作家的情感？

我们班的苗苗，读书会的主角说，他认为从布局谋篇中也能够体会到作家的情感，《广玉兰》从花的香入手，详细描写了花的色、形。最后又写到叶子的衬托，详略分明中，字里行间都是对花的喜爱和赞美，尤其细致描写花瓣的质感和花落这部分，赞美了广玉兰的纯洁和生命力的旺盛。《夹竹桃》首尾呼应，作者从自己独特的感受入手，用对比的手法，写夹竹桃花期长，又写自己的幻想，引出结尾爱上了夹竹桃的韧性，呼应了开头。

这是微课中没有提到的，的确如此，一个作家如果不对花产生了情感，他又何必去独具匠心地布局谋篇呢！

这的确是孩子们自己在阅读中的感悟，我特别加以鼓励学生的探究精神，并以此引出下面的教学内容，通过梳理脉络，把握整篇课文的环节。

二、默读课文环节

默读课文，在默读课文之前，根据时间要求，在规定时间内完成默读，并能用小标题形式，梳理课文脉络，并填写在表格里。

孩子们默读，并填写，教师注重纠正读书和写字姿势。在梳理课文时，尽量用最关键的词语。我根据学生的回答，提出总结内容的方法：通过梳理，连接关键词语，就能使内容的总结梳理成章。

在完成第一篇课文的梳理后，在总结方法的基础上，再完成第二篇的梳理和总结。体现教学目标的梯度。

三、小组合作探究学习

请同学们小组自主合作，探究交流作者是怎样抓住事物特点展开细致描写，通过不同的句式、修辞手法以及独特的感受抒发情感、意愿和志向的？（采取分类列举法和比较分析法选出你最感兴趣的方式，并找到相应语句体会作者情感。）

1.细致描写，咏物抒情

《广玉兰》：玉琢冰雕、热热闹闹和生生不息。《夹竹桃》：迎风吐艳、毫不含糊和韧性可贵。孩子们通过探究和合作，用了分类列举法，不断筛选，找到了他们认为最能达成咏物抒情的词语，同时找到不同的学习策略。玉琢冰雕，不但练习了上下文理解，而且结合质感来体会，在作家的眼里广玉兰是那样的可爱。热热闹闹一词，重点结合广玉兰的生命力旺盛的特点来体会，并体会埋伏笔的写作手法。通过生生不息，作家赞叹广玉兰的生命力旺盛，以此抒发了自己对广玉兰的赞美。回答问题时，从词语入手，并相应扩充，最后总结到主旨的表述上，很有层次，有条理，教师在这里进行了相应的总结：合作密切，回答条理清晰。值得提倡。

2.修辞手法，咏物抒情

孩子们找出了三组句子，分别是两位作家笔下的三处比喻句。

(1)《广玉兰》中：有的刚刚绽放，几只小蜜蜂就迫不及待地钻了进去，那里面椭圆形的花蕊约有一寸长。盛开着的玉兰花，洁白柔嫩得像婴儿的笑脸，甜美、纯洁，惹人喜爱。

孩子们抓住婴儿的笑脸，重点体会质感美好给人带来的美感，不只是美，婴儿的脸，是多令人怜惜，充分感悟作家对广玉兰深深的喜爱之情。

(2)《广玉兰》中：先前热热闹闹开过的广玉兰花呢，花瓣虽然凋谢了，花蕊却依然挺立枝头，它已长成近两寸长的圆茎。圆茎上面缀满了像细珠似的紫红色的小颗粒，这就是孕育着新生命的种子。远远看上去，一株广玉兰就像是一个数世同堂，生生不息的大家族。

孩子们体会到，作家独具匠心地抓住广玉兰花败的时候写，更加突出对生命力旺盛地赞美。

(3)《夹竹桃》中：我们家的大门内也有两盆夹竹桃，一盆红色的，一盆白色的。红色的花朵让我想到火，白色的花朵让我想到雪。火与雪是不相容的；但是这两盆花却融洽地开在一起，宛如火上有雪，或雪上有火。我的心里觉得这景象十分奇妙，十分有趣。

这里，孩子们抓住雪与火不相容，这一点重点体会作家独到的视角，把两个不相容的事物，用融洽来形容，正是作家对夹竹桃的偏爱才能有的感受。

在回答问题时，我平时注重把26中的孙国锋老师提供的参考答案和教研员徐慧颖老师经常跟我们说的分条答题梳理思路法相结合，总结出：修辞入手，抓住词语，围绕主旨的句子体会答题法。不但要求孩子们做题时用，口头表述也要注意运用，确实帮助孩子们养成了良好的表达习惯，既能抓重点又能有条理，使语言言简意赅。在这节课上，充分地体现并提高了课堂效率。

3.不同句式，咏物抒情

如排比句式、双重否定句式和反问句。

(1)《广玉兰》中：五、六月份是广玉兰花盛开的季节。在绿油油的叶丛中，花朵是那样的洁净、高雅。我无法用文字准确形容那花瓣的色彩，说它纯白吧，又似乎有一种淡淡的青绿色渗透出来；我也无法用文字准确形容那花瓣的质感，说它玉琢冰雕吧，它又显得那样柔韧而有弹性。总之，只凭几个优美的词句是不能概括它的全部内涵的。

孩子们通过不断地探究合作，选择了通过句式的学习体会咏物抒情，排比句式，作家有意用两处“我无法用语言，”烘托出广玉兰的色美、形秀的特点，并让感情不断升华。

(2)《夹竹桃》中：在和煦的春风里，在盛夏的暴雨里，在深秋的清冷里，看不出有什么特别茂盛的时候，也看不出有什么特别衰败的时候，无日不迎风吐艳。从春天一直到秋天，从迎春花一直到玉簪花和菊花，无不奉陪。这一点韧性，同院子里那些花比起来，不是显得非常可贵吗？

其中一个孩子，还运用了我平时复习时，让他们使用的分析比较法，来比较了两位作家在句式上的优势，对于广玉兰的描述，多采用直接写花，因此用排比句式，显得整齐大气。而夹竹桃，更多地采用了独特的写法和句式，即双重否定，本来是互相抵消的，但是这里双重否定中突出了夹竹桃旺盛的生命力在于有韧性，和后文独特的感受相吻合。我适时的补充：季羡林是国学大师，他的一生正是追求这种生命的韧性，从不追求华贵、虚荣，把自己的一生都献给了东方文学的探究中。在探究学习中，孩子们自然地感悟到了作家咏物抒情的真正用意就是表述自己的情怀和对人生的期许。

4.独特感受，咏物抒情

在这里孩子们用朗读法来充分体会情感，广玉兰叶子的描述中抓住情趣来体会。并分工来朗诵：

“它把影子投到墙上，叶影参差，花影迷离，可以引起我许多幻想。我幻想它是地图，它居然就是地图了。这一堆影子是亚洲，那一堆影子是非洲，中间空白的地方是大海。碰巧有几只小虫子爬过，这就是远渡重洋的海轮。我幻想它是水中的荇藻，我眼前就真的展现出一个小池塘。夜蛾飞过，映在墙上的影子就是游鱼。我幻想它是一幅墨竹，我就真看到一幅画。微风乍起，叶影吹动，这一幅画竟变成活画了。”《夹竹桃》

多美的文字，无需再去文字间找寻答案，发自内心的朗读，并能抒发情感。我认为这样的教学，最能达成师生之间教学相长，情感互动的效果，当孩子们伴随着音乐，动情地投入到作家的幻想之中，作家对夹竹桃的情有独钟便深深的融入字里行间。班得瑞的《月光曲》把人带到了那个池塘边，我和孩子们都走进了作家的心灵世界，我不禁被作家的情怀，被孩子们动情地朗诵、投入地学习以及我们的默契深深地打动了，热泪盈眶，这是我事先没有想到的，我极力忍住眼泪，哽咽着继续我的课堂教学，我看见有的孩子也泪光点点，我好不容易压制着，才能说出教学环节，为了控制情绪，我让孩子们鼓掌，掌声比平时热烈。这样的感动，我觉得很美，这也是阅读名篇佳作，聆听作家真诚的心语，给自己带来的情感享受。能和孩子们一起感动，这也就是语文教学独特的魅力了。

四、拓展阅读

为了进一步落实咏物抒情一类文章在表述上的优势，并尝试小初衔接的教学任务，我特意选择了两篇初中的文章：《野草》《白杨礼赞》。通过快速默读，当堂效果来看，有大多数孩子完成了评测练习，能够抓出重点词语来体会特点，从而抒发情感。《野草》的练习汇报中，还总结了两件事来突出作者的态度，并能够抓到关键句：“因为它是一种长期抗战的力，有弹性，能屈能伸的力，有韧性，不达目的不止的力。”这句正好吻合了作家当初创作的背景：呼吁人们坚持抵抗日本侵略者，用野草的顽强不屈以及坚持不懈，比喻只要民众团结起来坚持抗击侵略，是一定能够打败日本侵略者的！

《白杨礼赞》的学习时，孩子们大多数能够抓住了伟岸、正直、朴质和严肃等词语完成练习填空，并用课上学到的方法，通过比喻句和句式来体会作家情感：

(1)白杨树算不得树中的好女子，但是它伟岸，正直，朴质，严肃，也不缺乏温和，更不用提它的坚强不屈和挺拔，它是树中的伟丈夫。

(2)孩子们谈出了运用比喻句所起到的咏物抒情的作用。

(3)文中排比句式连接了四处反问句，也被孩子们找到来体会，强烈的情感表达对白杨树所象征的不屈不挠、勇敢向上的民族精神的赞美。

(4)这两篇文章理解起来比较难，孩子们第一次接触，加之没有相应的历史知识，有一部分孩子在理解的深度上有欠缺。

五、真情感悟，写作延伸

我结合孩子们的生活实际，和平时对孩子们的引导(在生活中处处有真情，一花一世界，一叶一春秋，草木皆有情，只要用心观察、领会，总是有自己独特的喜爱和感悟)，列举了自己的写作体会，有颗善于感动的心，再加上适当的修辞文笔，便会让情感流淌于字里行间。我这里说的《喜鹊》和《寻生的鱼》都是我在观察中受到的启迪联想而写并发表在刊物上的随笔，曾经和孩子们分享过。我的孩子们也是很爱感悟生活的孩子，在我的带动下，也经常写随笔，很擅长用细腻、真诚的笔触来表达他们对生活的认识和感悟。他们的随笔和征文如《写给妹妹的诗》《月光曲》《一家人的脚步》

《拔河比赛》《特别的旅途》《妈妈的爱》《雨多变》等十余篇习作,都发表在刊物上,有的孩子甚至连续多篇发表。当我说这些的时候,便能激发他们写咏物抒情作文的欲望。他们想写和他们意愿相吻合的花草:有的说想写茉莉,有的说想写向日葵,有的想写荷花,有的想写竹子……

感悟生活的美,用笔写下来,让情感永恒。

没有完美的课堂,只有不断的探索。由于学生知识储备不足,"选取典型事例"方法中"突出时代背景"学生回答涉猎较少;此外,我应多注意评价语的针对性和导向性,真正将教师的点拨作用发挥充分,这样会更具指导性。

"整合"不是流于表面的形式变革,更是学生学习方式、思维方式的变革。"整合"的最大意义在于提高学生学习效率,合理建构知识梯度,实现知识有效迁移。让语文链接生活,让知识学以致用,让学习成为一种发自内心的需求和陪伴终生的习惯,这也将是我今后在教学中培养学生语文核心素养的研究目标!

后　记

我们的学校要拆了

最近一直传得沸沸扬扬的大事：我们的学校——青岛市市南区金门路小学本校校舍要拆了，在原校址重新盖一所新学校，并更名为青岛大学附属第一实验小学。这个消息听起来既让人感觉突然又感觉必然，突然是一直听说近几年我们学校是不动的，尽管校舍已经十分陈旧；必然是周围的学校都是重新建设的现代化的新学校，我们的陈旧显得这样突兀，国家已经把改变民生，发展教育，改善办学条件提到新的高度。青岛要建设成为一流的现代化国际大都市，我们市南区更是要打造成为“时尚幸福的现代化国际城区”。我想应该是基于这样的整体构想，加快了青岛市市南区金门路小学的改造步伐吧！这是大势所趋。虽然期待，但是也似乎心有一丝丝遗憾……

青岛市市南区金门路小学在这片土地上已经矗立了30年了，我在这里也工作了27年，目睹经历了她一步步的发展、壮大。当初刚刚毕业的我独自在小区里散步，一阵阵幽香在空气中飘荡，寻香而去，发现隔墙相望的小花园里，一棵金桂正在开放，原来，香气是从那儿散发出来的。走进传达室，知道了这庭院一般的地方是青岛市市南区金门路小学，我好生记住了这里。走进这里，这一进，便在这里度过了我人生最美好的年华。

当初我们共同栽种的松树早已超过了教学楼的高度，那上面早就坐了一窝又一窝的喜鹊。最早教的那批孩子，他们的子女都已经快小学毕业。花园里，不知道什么时候，还来了一对不知名的小鸟，它们小巧玲珑，一身绿莹莹的羽毛，闪动着光泽。每当寂静的傍晚，它们就站立枝头，放声歌唱，白天的喧闹便化成一声声鸟鸣，回荡在校园里……鳞次栉比的高楼大厦，车水马龙的街道，匆匆的脚步，还能听到这样的鸟鸣，又怎么能不让人恍如隔世，浮想联翩呢？

在楼顶人们不常去的拐角有一句“有了爱就有了一切”的标语，这是作家冰心的话。平时真的没太注意，不知怎的，这几日这句话显得特别醒目，我反复琢磨，人间一切美好的事物皆出自爱，教育事业的宗旨就是教给孩子们如何做真善美的人，教育所能够创造的成绩或者奇迹，一定是出于爱。像冰心倾其一生，爱祖国，爱家乡，爱家人，爱人民，尤其是对母爱、童真童趣情有独钟；她爱锦绣河山、花草树木，又特别爱大海，爱玫瑰。我们做教师的，也当作一个善爱的哲学师，在爱的教育中品尝酸甜苦辣，成就自我，成就孩子们的未来。很有幸，我能够在金门路小学这个充满爱的集体中工作，在爱的教育中，见证孩子们的成长，我虽然愚钝，但也能够在爱的感召中，感受着爱的教育之丰满，品读其中的美好和韵律。如果把爱的教育比作一首首歌曲，每一个教师谱写的曲调都是不一样的，不管我们用着什么样的调子，不管将来的学校会发生怎样的变化，爱，都将是永恒的主旋律。只要有爱，就会有成长，就会有唱不完的歌儿，就会有讲不完的故事……

这么多年过去了，才写了这些文字，真的好惭愧，惭愧书读得这么少，惭愧笔触这样贫乏，惭愧那么多美好的瞬间都没有记下来。把这些拿出来，内心好忐忑啊！权当是自我激励吧！更重要的是想表达自己的心意，对学校，对教育岁月，对我身边的孩子们，对自己还能够成长的感恩……也谨以此，献给即将拆除的青岛市市南区金门路小学。